하나님의 시간을 걷다

하나님의 시간을 걷다.

이요셉

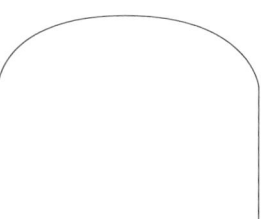

토기장이

차 례

프롤로그 。 008

보이지 않는 시간 속에서 주님이 일하십니다

인도하심을 알 수 있는 시간 ◦ 014 / 여전히 괜찮습니다 ◦ 015
절망의 시간을 넘어 ◦ 016 / 누군가를 판단하기 전에 ◦ 018
충분한 시간이 필요합니다 ◦ 019 / 시간 속에 답이 있습니다 ◦ 020
변하는 것은 분명 있습니다 ◦ 022 / 오늘의 시간이 나를 만듭니다 ◦ 023
누군가를 고치고 싶다면 ◦ 024 / 멈춘 시간이 아닙니다 ◦ 025
상처만 남기는 말 ◦ 026 / 기다리는 게 답일 수 있습니다 ◦ 028
하나님의 침묵 ◦ 029 / 거친 돌 같은 인생에도 주님의 뜻이 있습니다 ◦ 030
손에 잡힌 게 없어도 ◦ 031 / 아무것도 아닌 시간은 없습니다 ◦ 032
하나님이 거두실 시간 ◦ 034 / 눈에 보이지 않는 가치 ◦ 036
가장 싸우기 힘든 경기 ◦ 037

 ## 오늘 내가 할 수 있는 한 가지, 그것이면 충분합니다

아무것도 아닌 하루라도 ◦ 042 / 누추한 풍경 속에서의 거룩 ◦ 043
여전히 나그네의 마음으로 살 수 있다면 ◦ 044 / 딱딱한 마음 ◦ 046
우리는 다른 사람의 인생을 책임질 수 없습니다 ◦ 047
아주 작은 방향 하나 ◦ 048 / 오늘이 아니면 경험하지 못할 아픔 ◦ 049
한순간에 무너지지 않습니다 ◦ 050
진심을 알아주시는 분 ◦ 051 / 일상에 깃드는 감사 ◦ 052
서툴러도 해야 합니다 ◦ 054 / 그것이면 충분합니다 ◦ 056
오늘 살 힘 ◦ 057 / 우리는 모든 것을 할 수 없습니다 ◦ 058
오늘을 살지만 동시에 내일을 ◦ 059
반복되는 일상 속에서 주님께 묻기 ◦ 060
일상 속 임재 ◦ 061 / 그러기에 잊지 말아야 할 것 ◦ 063
하나님은 대단한 것을 요구하지 않으십니다 ◦ 064
이 시간을 기억해 낼 수 있다면 ◦ 065 / 빈 공간을 만들어 보세요 ◦ 068
영업시간과 폐점시간 ◦ 070 / 내일이 아닌 오늘의 풍경 ◦ 071
반복되는 일상 속에서 주님의 신비 찾기 ◦ 072

고난이 여전히 우리 인생을 아프게 하지만

기도하지만 현실은 그대로일 때 。078 / 갈등을 피할 수는 없지만 。080
"당신을 사랑합니다"라는 말 속에는 。081 / 순종의 한 걸음 。082
마음으로 울고 있는 이들 。084 / 억울한 상황과 현실의 벽 앞에서 。085
문제를 해결하기 위해서는 시간이 필요합니다 。086
내 영혼아, 예수님을 바라봐 。088 / 우리 인생에는 슬픔도 가득합니다 。090
절망 가운데 부활을 꿈꿉니다 。092
하나님이 특별히 사랑하시는 사람 。093 / 마음이 문제입니다 。095
우리는 문제투성이 그 자체입니다 。096 / 황무지에 꽃이 피는 것처럼 。098
풀 수 없는 문제 앞에서 。100 / 곁에 있어 주기 。102
광야에 있을 때 빛나는 믿음 。104 / 우리 삶을 사용해 주세요 。105
아프지만, 그래도 웃고 있습니다 。106

도무지 기도할 수 없을 때에도

기도는 무능하지 않습니다 。112 / 기도를 방해하는 현실 속에서 。113
판단하는 대신 기도하겠습니다 。114 / 내 아픔처럼 기도해야 합니다 。116
떨지 않고 기도하고 싶다면 。117 / 기도가 좋은 사람은 많지 않습니다 。118
주님의 마음이 부어지기를 기도하겠습니다 。119
하나님은 그런 분이 아니십니다 。120 / 반복해서 기도하는 이유 。122
그 너머를 바라보겠습니다 。124 / 아픔이 곪지 않도록 。125
문제 속에서 드리는 기도 。126 / 예수님을 가장 사랑하게 해주세요 。128
내 마음에 자리 잡을 때까지 。130 / 아이의 기도 。131
기도의 대상이 누구인가요? 。132 / 일상에서 피어나는 기도 。134
두려워서 아예 시작도 하지 못할 때 。136
그것을 회개해야 합니다 。138 / 항상 우리 뜻대로 응답해 주신다면 。139
기도하지 않아도 잘될 때 。140 / 나를 만져 주세요 。142
예전만큼 기도를 잘 들어주지 않으시네요 。144

보이는 세상,
보이지 않는 믿음으로 걷고 싶습니다

연약해서 하나님을 찾습니다 。150
나를 더 잘 아시는 분 。151 / 할 수 없는 것투성인데 。152
기적이 아니라 주님을 구합니다 。154 / 믿음의 테트리스 。156
우리를 뒤흔드는 작은 생각 하나 。157 / 세상보다 큰 이 。158
어떤 인생이 성공한 인생인가요? 。159 / 천국에 가고 싶은 이유 。161
주 안에서 안전합니다 。162 / 눈을 감고 믿음의 세계를 상상합니다 。164
과연 우리가 탄 배는 。165 / 흔들릴 때마다, 연약할 때마다 。166
과연 사람이 바뀔 수 있을까요? 。168
아직은 내 방식대로 살고 싶습니다 。169 / 성경을 좀 읽어야겠습니다 。170
나와 다른 그대 。171 / 그 한 줄이 내 마음에 내려오면 。172
나를 위한 용서 。174 / 기적 중에 기적 。176
하나님이 안 계신 것처럼 느껴질 때 。177
무엇이 두려움을 밀어낼까요 。178
아주 작은 순종으로 。179 / 나만 사랑하라는 말 。181
주어만 바꾸면 。182 / 기다리십니다, 내 마음의 문 앞에서 。183
그것이 우리의 실체입니다 。184 / 두렵지만 용기가 생겨요 。186
여전히 두려움에 맞닥뜨릴 때가 많습니다 。188
지금 어디인가요? 。190 / 아무도 나를 모른다 해도 。191
저는 잘 걸어가고 있나요 。192 / 모든 것이 주어져도 。195

프롤로그

불확실한 시대를 살아가고 있습니다.
그래서 두려워하는 이들에게 두려워하지 말라는 말은
하나의 폭력일 수 있겠다는 생각이 들었습니다.
조금 더 힘을 내서 정상에 도달해야 한다는 말은 멋지지만,
하루를 살아가기에도 버거운 이들에게 평생을 그렇게
살아야 한다고 외치는 것은 가혹하다는 생각이 들었습니다.

하지만 적어도 오늘은 그렇게 걸어갈 수 있지 않을까요?
인생을 시험해 보는 것은 위험한 도박 같아 보이지만
오늘 하루는 시험해 볼 수 있지 않을까요?
그러면 평범한 보통의 날에 주님을 만날 수 있지 않을까요?

주님과의 시간은 인격적이며 관계적이기에 평범한
일상 속에서 주님이 우리에게 말씀하시면 다시 걸어갈 수
있는 마음뿐 아니라 능력도 얻을 수 있다고 믿습니다.
결국, 오늘 내 마음에 주님을 초대하는 그 하루가
내 인생 속에 방향을 만들어 줄 거라 생각합니다.

'인생이라는 길을 나는 이렇게 걸어야겠다.'
매일 밤마다 내 마음에 적어 놓은 글이 있습니다.
구식 타자기를 사다가 내 마음에 새겨 놓고
이 길을 따라 걸어가면 좋겠다고 생각한 글입니다.
그래서 이 책은 보통의 날들 속에서 하나님을 만나며
만들어 간 내 마음의 지도입니다.

이요섭

보이지 않는 시간 속에서
주님이 일하십니다

Part.1

알 수 없는 시간들이 있습니다.
이 길일까? 저 길일까?
수없이 되돌아보며 의문하는 시간 속에는
내가 다 알지 못하는 주님의 숨결이 있습니다.
그래서 그 자리가 어디이건,
주님의 시간 속에서 주님의 마음을 구하며
주님의 얼굴을 바라봅니다.

인도하심을 알 수 있는 시간

'하나님이 이렇게 인도하셨구나'라고 진짜 알게
되는 때는 얼마간의 시간이 지난 후인 것 같습니다.
하나님의 인도라고 믿었던 여러 만남과 계획이
때로는 실패처럼 보일 때도 있었고, 관계와 시간이
허비되고 소모되는 것처럼 느껴질 때도 있었습니다.

하지만 충분한 시간이 흘렀을 때 우리는 그 소모적인
시간이 아니었으면 알지 못했을 간절함, 그 아픔이
아니었으면 알지 못했을 긍휼한 마음, 너무 늦은
길이라 생각했던 길 속에 숨겨진 주님의 인도하심을
알게 됩니다.

그렇다면 오늘의 문제로 가득한 이 시간들 속에서도
나는 반응하겠습니다. 주님의 인도하심은 오늘도
여전합니다.

여전히 괜찮습니다

남들보다 늦어 버린 시간,
언제까지 이런 시간을 보내야 할까요?

주님의 뜻에 순종하느라
기다리고 있다면
저는 여전히 괜찮다고 말하고 싶습니다.

절망의 시간을 넘어

눈물이 있었고
한탄이 있었고
너무나 답답했고
어떻게 이 길을 넘을 수 있을지
막막했던 시간이 있었습니다.

하지만 꿈처럼 시간이 지나
또 하루가 되었습니다.

절망의 연장선에서 만난 오늘이 아니라
주님의 성실이 만들어 낸 새로운 하루입니다.

주님,
하루를 절망으로 시작하는 것이 아니라
감사로 시작하게 도와주세요.
감사를 잊지 않게 도와주세요.
저희를 만나 주시고, 위로해 주시고,
말씀으로 인도하신
그 시간들을 잊지 않게 해주세요.

누군가를 판단하기 전에

상대가 성숙하지 않은 말과 행동을 해서, 가라지가 분명해 보여서 베어 버렸는데 사실은 성숙하지 않은 알곡일 수 있습니다. 알곡은 가라지와 함께 있고 가라지는 알곡과 함께 있습니다. 누가 알곡이고 누가 가라지인지 모른다는 게 함정입니다.

예배드리는 친구들과 교사의 신발을 몽땅 가져다가 똥통에 빠뜨린 아이가 있었습니다. 모두가 한목소리로 제발 교회에 나오지 말라고 했다는데, 교사 한 분이 포기하지 않고 끝까지 품어 주었습니다. 그 아이는 커서 주님을 사랑하는 하나님의 사람이 되었습니다. 돌아가신 장인어른의 이야기입니다.

그 사람이 누구인지 판단할 수 있는 능력이 내게는 없습니다. 주님의 시간과 주님의 뜻 앞에서 인내하며 기도할 뿐입니다.

충분한 시간이 필요합니다

"신앙과 인격은 다르다."
이 말은 슬프게도 진실입니다. 믿음이 강한 사람일수록 상대를 날카롭게 할퀴거나 공동체를 아프게 합니다. 도대체 믿음 좋은 게 무슨 소용인가 싶은 생각도 듭니다.

주님을 향한 열심이 대단하다 하더라도, 주님의 형상을 닮은 사람을 존귀하게 여기지 못할 때도 있고 주님의 성품을 닮지 못할 때도 있습니다. 슬픈 이야기지만 그 열심은 주님과 상관없는 것이 될 수도 있습니다.

하지만 우리 주님은 그 열심까지도, 그 사람의 기질까지도 사용하십니다. 충분한 시간이 필요합니다. 하나님이 나를 만나신 것처럼, 나를 기다리신 것처럼, 모세에게 80년의 시간이 필요했던 것처럼 누군가에게도, 우리 모두에게도 충분한 시간이 필요합니다.

시간 속에 답이 있습니다

나는 빨리 늙고 싶다는 생각을 자주 했습니다.
벌써 삼십 년 가까이 생각한 소원입니다. 십 대와
이십 대 때는 허무함 때문이었습니다. 하루하루는
재미있었지만 시간이 지나면 손가락 사이로
빠져나가는 모래 같은 허무함이 있었습니다. 거기에
더하여서 스스로에 대한 실망과 절망과 무능력의
시간이 쌓여 가며 사람이 채울 수 없는 빈 공간이
있음을 알게 되었습니다.

그 후로 다시 이십 년의 시간이 지났습니다.
나는 여전히 늙고 싶다는 소원을 갖고 있습니다.
주님을 사랑하게 되면서 사랑하는 이를 면대 면으로
만나고픈 열망도 있고, 한편으로는 생을 살아가는 게
쉽지 않아서 고민의 흔적을 훌쩍 뛰어넘고 싶은
얄팍한 마음도 있습니다. 그리고 또 한 가지,
너무 부끄럽지 않게 주님 앞에 서고 싶은 마음이
간절합니다.

마음이 바빠서 며칠 전부터 해야 할 일이 뒤엉키고
있습니다. 어지럽고 불편한 마음을 정돈하기 쉬운

방법 하나는 내 기준을 흔들어 놓으면 됩니다.
오늘까지 꼭 해야 하는 마음, 사람들과 아이들이
내가 이끄는 대로 동의해 주고 따라와 줬으면 하는
마음, 여기까지, 오늘까지라는 목표와 기준들,
어질러지고 수습되지 않는 상황들, 문제들, 책임감….
내가 가진 기준들을 흔들어 주면, 내 계획과 결심이
세상의 중심이 아니라는 것을 생각하면, 나는 그제야
한숨을 돌리고 주님 앞에서 내가 누구인지를 돌아볼
수 있게 됩니다.

급격하게 생겨나는 흰머리를 보며 내 작은 기도가
시간이 흐르며 응답되어 간다는 생각을 합니다.
시간 속에서 내가 고민하는 답들을 찾을 수 있겠다는
기대를 가집니다. '길고 긴 시간 속에서 나는
누구인가?' 이렇게 질문하게 되면 나는 전혀 다른
하루를 살 수 있습니다. 여전히 늙고 싶다는 소원을
품고 있지만 나는 운동도 하고, 먼 숲도 쳐다봅니다.
주님이 내게 맡기신 하루, 주님이 내게 맡기신
사람들, 주님이 맡기신 인생이기에 나는 기쁘고
즐겁고 감사할 것입니다.

변하는 것은 분명 있습니다

"하나님, 깊은 마음, 넓은 마음을 주세요."
이렇게 기도하다가 깜짝 놀라서 한동안 기도를 잇지 못했습니다. "깊은 마음을 주세요, 넓은 마음을 주세요"라고 기도하면 하나님은 깊은 마음을, 넓은 마음을 넣어 주시는 대신, 그런 마음을 가질 만한 경험을 주실 거란 생각이 들었기 때문입니다.

다윗이 골리앗이라는 거대한 장수를 극적으로 쓰러뜨린 사건은 하나님을 의지해서 만들어진 멋진 장면이지만, 자신의 생명보다 주님의 인자를 먼저 구한 그의 고백은 대부분 광야에서 만들어졌습니다. 그저 그의 성품이 전부가 아니었습니다. 모세가 그랬듯이, 그가 보낸 시간, 길고 긴 기다림의 시간이 그를 만들었습니다.

여전히 아픈 시간이고 상황은 변한 게 없지만, 기도하며 갈등하며 주님을 찾는 가운데 변하는 것은 분명 있습니다. 눈에 보이지 않는 마음이 조금씩 변한다는 것은 기적과 같은 일입니다. 그렇게 나를 향한 주님의 마음을 조금씩 알아 가게 됩니다.

오늘의 시간이 나를 만듭니다

신앙이 남달랐던, 그래서 특별하기까지 했던
친구가 이제는 신앙을 다 잃었습니다. 누군가에게
실망했다거나 실의에 빠진 게 아닙니다. 하나님의
나라를 위해 자신의 시간을 드렸는데, 돌아보니
내 손에는 아무것도 남은 게 없어서 점점 하나님을
멀리하다가 이제는 신앙을 잃은 것입니다.

어떤 방법이 옳고, 그른가의 문제가 아닙니다.
다만 시간을 이겨낼 사람이 없다 싶었습니다.
아무것도 아닌 사람이었는데, 주님을 바라보는
시간이 쌓여 신실한 하나님의 사람이 되기도 하고,
주님을 바라보는 게 아무것도 아니라고 여기며 보낸
시간이 정말 아무것도 아닌 게 되어 버리기도 합니다.
오늘의 시간이 나를 만들어 가기 때문입니다.

누군가를 고치고 싶다면

성경은 다른 누군가가 아니라 자신이 변해야 한다고 말하고 있습니다. 우리가 하나님을 알게 된 시간을 기억해 보세요. 얼마나 긴 시간 동안 기다려 주시고 나를 만나 주셨는지 생각해 보세요.

상대방을 향한 하나님의 뜻과 계획까지 우리가 다 알 수는 없습니다. 하지만 한 가지 확실한 것은 하나님은 당신의 자녀를 사랑하시기에 그 사람을 향한 분명한 뜻과 계획을 가지고 계신다는 점입니다. 우리는 그 아버지의 뜻을 신뢰함으로 기다려야 합니다.

멈춘 시간이 아닙니다

물리적인 시간을
살아가지만
동시에 영적인 시간을
살아갑니다.

멈추어 있을 때는
시간도, 일정도, 관계도
멈추어 있는 것 같지만
기도하고 있는 시간은
멈춘 시간이 아닙니다.

그래서 낙심하지만
낙심하지 않고,
아파하지만
아파하지 않습니다.

상처만 남기는 말

"너는 항상 이렇잖아."
상대를 위해서 하는 말이라고 하지만 도리어 상대를
화나게 만드는 말입니다. 이 말은 백 가지 좋은 점을
갖고 있는 사람을 잘못된 점 한 가지만 가득한
사람으로 가두어 버립니다.

상대의 변화는 말 한마디로 만들어 낼 수 없습니다.
하지만 빠르게 변화시키고 싶은 조급함으로 인해
우리는 상대의 문제점을 날카롭게 들춰냅니다.
그러면 오히려 우리가 의도했던 변화는 더디어지고
상처만 남기게 됩니다.

우리는 왜 이렇게 어리석은 말을 마땅한 말이라고
착각하는 걸까요? 주님, 엉망진창 같은 이 땅에서
엉망진창같이 살아가는 우리를 구원해 주세요.

기다리는 게 답일 수 있습니다

말로 설득이 안 될 경우에는 그냥 기다리는 편입니다. 어차피 설득하는 과정에서 감정만 상하고 아무 변화도 생기지 않을 바에는, 조금 시간이 걸리더라도 실패와 아픔을 경험하면 늦게라도 돌아서 올 것이기 때문입니다.

하지만 가까운 사람일수록 이런 자세를 유지하기가 힘이 듭니다. 왜냐하면 실패나 아픔이 마치 나의 일같이 느껴지기 때문입니다.

실패와 아픔을 비껴나가게 하려고 어떻게든 노력하지만, 설득하고 강권하는 일이 항상 옳은 선택은 아닙니다. 아무런 변화도 생기지 않은 채 감정의 골만 깊어지게 되고, 더 깊어지면 나중에는 상처를 치유하는 데 더 많은 시간이 걸리게 됩니다.

가까운 사람이어도, 그것이 내 아픔이나 실패 같아 보여도 주님의 음성을 따라 순종하는 것이 중요합니다. 주님의 뜻이 기다림이라면 기다림으로 순종하는 게 더 빠른 길일 수 있습니다.

하나님의 침묵

모세가 40년간 광야에서 머무는 동안 주님은
침묵하셨습니다. 만약 주님께서 모세가 80세가
되었을 때 이루실 당신의 계획을 중간 즈음에 미리
말씀하셨다면, 모세는 자신을 철저하게 포기하지는
않았을 것입니다.

광야에서의 40년은 그것을 위한 시간이었습니다.
그가 겪은 수많은 감정과 경험, 하나님은 그조차도
필요하셨습니다. 아브라함에게도, 다윗에게도
마찬가지였습니다. 오늘을 사는 우리가 느끼는
무능력함, 절망까지도 적절한 시간에 주님의 뜻대로
사용하시기를 기도합니다.

거친 돌 같은 인생에도 주님의 뜻이 있습니다

누군가와 비교하게 되면, 한순간 불행해지는 게
우리 인생입니다. 누군가와 비교해서 어느 정도
우위를 점하느냐가 인생의 성공이 아니라, 나를 향한
주님의 사랑을 신뢰하는 것이 인생의 새로운 국면을
맞이하는 시작점입니다.

거친 돌 같은 인생이라도 그 속에 나를 향한 주님의
뜻과 계획이 있습니다. 내게 허락하신 시간을
신뢰하며 사는 것 자체가 성공인지도 모르겠습니다.

손에 잡힌 게 없어도

아내 대신 아이들을 돌보던 날이었습니다. 당장 처리해야 할 일들이 잔뜩 쌓여 있는데, 아이들이 차례로 아빠를 부르기 시작했습니다. 아이들은 전혀 느끼지 못했다지만 나는 진심으로 화를 냈습니다. "아빠도 지금 해야 할 일이 있단 말이야. 자꾸 부르지 말고, 할 말을 모아서 한꺼번에 물어보면 안 되겠니?" 화가 난 스스로에게 놀랐습니다. 미안한 마음에 아이들을 불러다가 안아 주고, 이유를 설명하며 사랑한다 말해 주었습니다.

아마도 화가 난 이유는 조바심 때문이었던 것 같습니다. 스스로에게 물었습니다. '내 인생의 성공은 무엇일까?' 이 질문에 나는 하나님께 이렇게 답했습니다. "내 인생의 성공은 반응과 순종입니다. 아무것도 손에 잡힌 게 없어도 주님이 내게 맡기신 시간 속에서 반응하고 순종하다가 마지막 날, 주님이 나를 안으시고 '잘했다' 하시면 그것으로 충분합니다."

아무것도 아닌 시간은 없습니다

자취방 주변에 노숙자들이 모여 있던 작은 공터가
있었습니다. 추웠던 겨울, 그들에게 빵과 따뜻한
캔 커피를 나누어 주다가 모닥불 가에 함께 앉게
되었습니다. 나름 배려한다고 모닥불에 장작을
마구 집어넣었는데, 열기가 너무 뜨거워서 얼굴이
화끈거릴 정도가 되었습니다. 내가 부담스러워하는
걸 읽었는지 옆에 앉아 있던 아저씨 한 분이
말씀하셨습니다.

"우린 이렇게 불을 때도 여전히 추워."

그 말이 쓸쓸하게 느껴졌습니다. 그래서 더욱 친구가
되고 싶었는데, 겨울이 끝나갈 때까지도 나는
그들에게 한 뼘 더 다가가지 못했고 지금은 그 자리에
높은 빌딩들이 세워졌습니다.

내가 생각한 것들, 내가 바란 것들, 기도한 시간들,
보낸 시간까지도 쓸쓸하게 느껴질 때가 있습니다.
그때마다 생각합니다. '아무것도 아닌 것이, 정말
아무것도 아닌 것이 아니다. 아무것도 아닌 시간은

존재하지 않는다.' 그리스도인은 되고 안 되고를 따져서 살아가는 사람이 아니라, 오늘 우리 안에 살아 계시는 주님의 소원을 따라 살아가는 존재입니다.

하나님이 거두실 시간

기다림은 너무 힘들지만,
우리는 그 기다림의 시간을
기도로 채워야 합니다.

전전긍긍한 시간은 그저 땅에 뿌려질 뿐이지만
우리가 기도한 모든 시간은
하나님께서 거두실 것이기 때문입니다.

눈에 보이지 않는 가치

"너는 돈 한 번 벌어 온 적 없잖아."
언젠가 후배 부부가 다투다가 한 사람이 이 말을
던졌습니다. 홧김에 던진 말이기는 하지만, 모든 것을
돈으로 환원해 버리면 우리가 지키고 있는 가치들은
아무 의미가 없게 느껴지고 맙니다. 아이를 낳고,
기르고, 함께 웃고, 거닐고, 누군가를 위해 희생하는
시간은 돈을 벌지 못하는 무의미한 시간으로
치환됩니다. "너는 설거지 한 번 한 적 없잖아?"
이런 말도 마찬가지입니다. 지적한 말들이 사실일
수는 있지만, 설거지를 하지 않은 시간이 아무것도
하지 않은 시간과 같지는 않습니다.

돈을 벌지 않았던 시간 속에서, 설거지를 하지 않거나
눈앞에 없었던 시간 속에서 우리는 참고 애쓰며
살아가고 있었습니다. 끊임없이 누군가를 섬기고,
사랑하고, 돌보고, 책임지고, 인생을 지탱해 나가기
위해 애쓰고 있었습니다. 우리가 살았던
그 시간, 눈에 보이지 않는 가치를 품고자 수고했던
그 시간들만으로 주님은 우리의 애씀과 수고를
격려하실지 모르겠습니다.

가장 싸우기 힘든 경기

인생에서 가장 싸우기 힘든 경기가 있다면 기다림인 것 같습니다. 내가 기다리는 동안 내 주변에서는 도저히 쫓아가지 못할 속도와 전력으로 나를 앞서가기 때문입니다.

그 기다림의 경기에서 기억해야 할 점은 앞서가는 사람과 자신을 비교하지 않는 것입니다. 물론 뒤처진 사람과도 비교하지 않아야 합니다. 중요한 것은 앞뒤를 비교해서 만드는 열등감과 우월감이 아닌, 주님의 날개 그늘 아래에서 오늘을 살아가는 것입니다.

잘 나갈 때는 성과나 결과로 주님께 영광 돌렸다면 지금은 부족해 보이는 나를 주님께 올려 드리는 것으로 충분합니다.

오늘 내가 할 수 있는 한 가지,
그것이면 충분합니다

Part.2

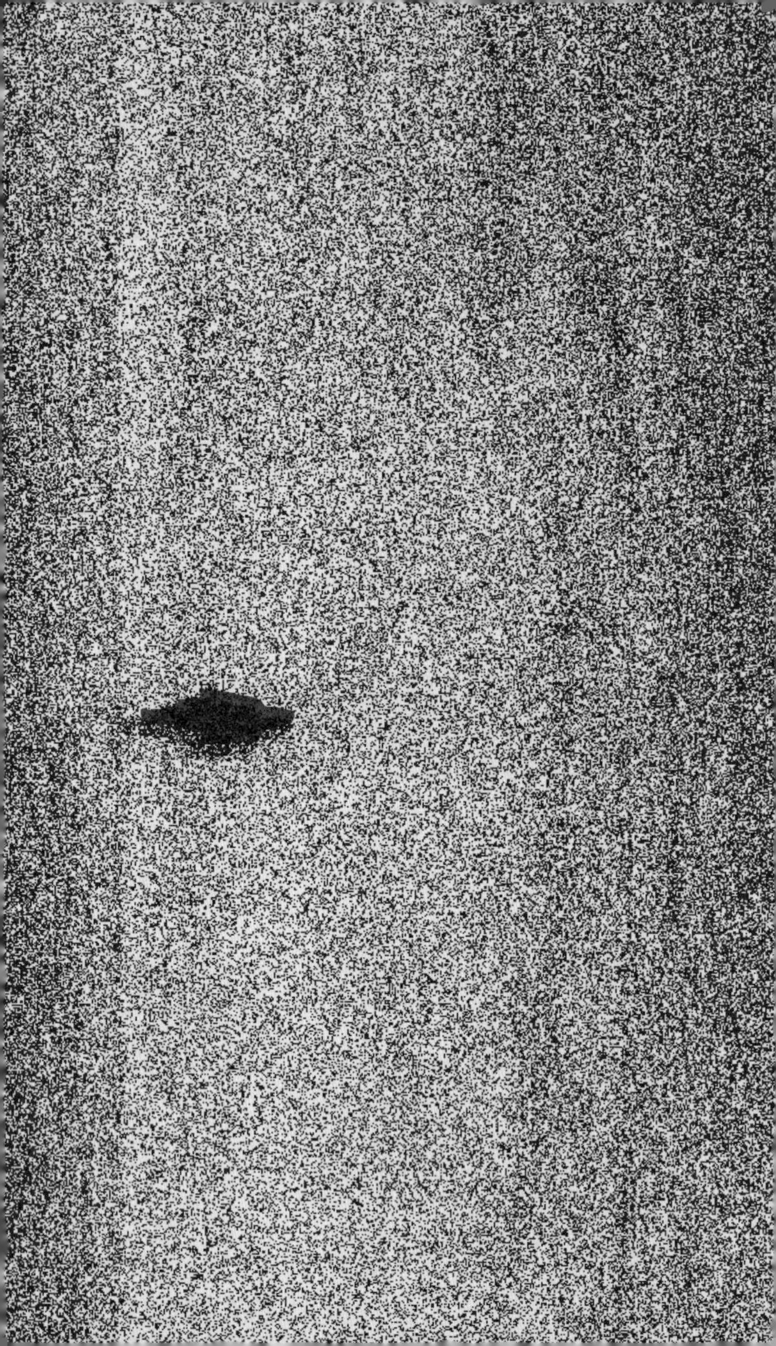

반복적으로 넘어져서
자신에 대해 한숨을 내쉴 때도
끊임없이 주님을 바라보는 것,

한숨 섞인 울음조차
기도로 올려 드리는 것,

그것으로 우리는
믿음의 걸음을 다시 걸을 수 있습니다.

아무것도 아닌 하루라도

내 인생은 도대체 왜 이럴까?
그의 인생은 왜 이렇게 찬란할까?

자기 인생을 남의 인생과 비교하는 것만큼 슬프고
불행한 일은 없습니다. 아무리 비교해도 내 인생은
그의 인생이 되지 않기 때문입니다.

현실적으로도 변하는 게 없을 뿐 아니라, 작은
부스러기 같은 인생이지만 나를 만드시고 나의
인생을 만드셨을 때 기뻐하셨을 하나님의 마음과
생각을 아무 의미 없는 것으로 만들어 버리고 싶지는
않기 때문입니다.

아무것도 아닌 하루,
찬란해 보이지 않는 인생이라도
내 마음은 누구보다 풍요롭고 싶습니다.

누추한 풍경 속에서의 거룩

사람들이 흔히 말하는 이야기 중에 "내가 너 때문에 성질 다 버렸다"라는 말이 있습니다. 하지만 사실 그것은 원래 자신의 성질이었습니다. 없던 성질이 생겨난 게 아니라 숨겨 놓았던 성질이 누군가에 의해 튀어나온 것뿐입니다. 이러한 상황들은 자신의 성품, 성격, 인내의 한계 등을 볼 수 있는 계기가 됩니다.

거룩은 일상에서 만들어집니다. 엄숙한 말투 같은 것이 아니라, 자신의 가난함을 인정하고, 누추한 자신의 풍경 속에 성령님을 초대하고, 하나님의 말씀을 알아 가고, 그 말씀 위에 자신을 세우는 행동 하나하나가 바로 거룩입니다.

일상의 지루한 걸음 속에서 벌어지는 수많은 전쟁, 폭풍 같은 하루하루 속에서 하나님의 임재를 초청하고 예수 그리스도의 이름을 선포하며 부르짖는 그 작은 노력들이 한 사람을 만들어 갑니다.

여전히 나그네의 마음으로 살 수 있다면

외국을 나가게 되면 익숙해지기 전에 낯선 마음을 느끼려 합니다. 그리고 그 마음을 사진으로 담을 때가 있습니다. 낯선 곳이 익숙한 곳이 되면 신기하게도 셔터가 잘 눌리지 않습니다. 마찬가지로 입대를 하거나 유학을 떠날 때는 두려운 마음에 더욱 기도하고, 의지할 사람을 그리워하지만 시간이 지나면 다시 안정을 찾고 그곳에서의 평범한 일상에 적응하게 됩니다.

낯선 곳에 서게 되면 나그네의 마음을 가지게 됩니다. 뉴스를 보다가도, 책을 읽다가도, 사람을 만나다가도 마음으로 간절히 기도하게 됩니다. 하지만 모든 것에 익숙해져 버리면 눈물은 마르게 되고 더 이상 기도하지 않게 됩니다. 사람에게도 익숙해지면 조심스럽게 사랑하는 대신 익숙한 습관대로 대하고 맙니다. 익숙한 습관대로라고 한다면, 내가 가진 선하지 않은 본성이 드러나는 것을 말합니다.

낯선 시간, 낯선 풍경 속에서 나는 기도합니다.
내 마음이 경화되지 않기를….

익숙한 곳에서 나는 기도합니다.
여전히 나그네의 마음을 품고 살아갈 수 있기를….

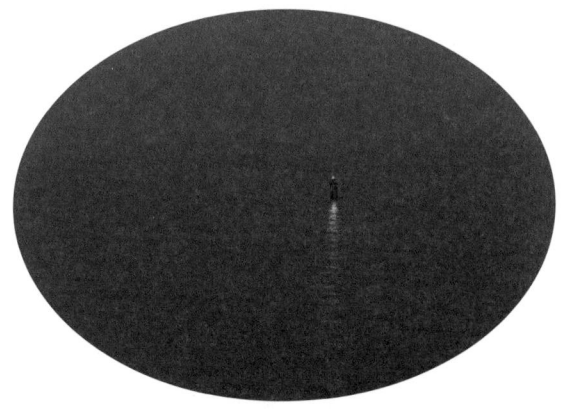

딱딱한 마음

나이를 먹을수록
더욱 지혜로워지면 좋겠는데,
내 생각이 분명해질수록
더욱 딱딱한 마음을
가지게 되는 것 같아 두렵습니다.

부드러운 마음도
딱딱한 마음도 아닌
날마다 주님의 마음을
품을 수 있으면 좋겠습니다.

우리는 다른 사람의 인생을 책임질 수 없습니다

오랫동안 하나님께 질문했던 주제가 하나 있습니다.
'한 사람을 돕는다는 것은 무엇일까?' 누군가를
돕는다는 것이 너무 막연하고 막막했기 때문입니다.

오랜 시간에 거쳐 서서히 알게 된 한 가지 사실은,
한 사람을 돕는다는 것은 그 사람의 인생을 책임지는
것과 다른 일이라는 것입니다. 우리는 누군가의
인생을 책임질 수 있는 존재가 아닙니다. 만일
그렇게 생각한다면 한 발자국도 걷지 못할 것입니다.
누군가를 도울 때 우리가 알아야 할 사실은, 내가 그
사람의 인생을 책임질 수는 없지만, 내가 할 수 있는
한 가지를 하는 것, 그것이면 충분하다는 것입니다.

우리는 순종이나 삶의 변화가 쉽다고 여기기에,
종종 우리의 노력을 작게 여기거나 실망하거나
판단하게 됩니다. 하지만 변화는 결코 쉬운 것이
아닙니다. 나 하나 바꾸는 것도 쉽지 않습니다.
어쩌면 아름다움이라는 것은 아주 작은 손짓에서
피어나는 것은 아닐까 생각합니다. 깨끗한 물 한 잔,
악수 한 번, 미소 한 번이 그 시작일 수 있습니다.

아주 작은 방향 하나

사람은 살던 대로, 생각하던 대로, 결정하던 방식대로 생각하고 결정하며 살아갑니다. 만약 언젠가 때가 되었을 때 자신의 습관대로 행동하지 않고 인생의 핸들을 크게 돌리게 된다면, 그래서 기존과 다른 커다란 각도를 만들게 된다면 관성과 저항으로 인해 뒤집어지거나 부러져 사고가 나게 될 것입니다.

그렇기 때문에, 언젠가 때가 되었을 때 자신이 기대하고 있는 선택과 결정을 하려면 지금부터 아주 작은 방향 하나를 만들어 놓아야 합니다. 오늘의 내가 바로 미래의 내 모습이라는 말이 있듯이, 미래의 내가 주님의 인도하심과 임재 안에 있기 위해서는 오늘 내 발을 비추는 주님의 빛에 순종해야 합니다.

오늘이 아니면 경험하지 못할 아픔

마음이 아파서
아무것도 할 수 없을 때

그 감정과 경험은
실제로 나를 고통스럽게 했지만
오늘이 아니면 경험하지 못할
깊은 아픔이라는 감정을 알게 해주었습니다.

가짜 감정이 아니라 진짜 감정을 알아야
누군가를 체휼할 수 있고
누군가를 위로할 수 있습니다.

그렇다면 오늘 우리가 만난 모든 경험은
주님의 사람으로 살아가기 위한
자양분이 될 것입니다.

한순간에 무너지지 않습니다

우리는 자주 물이 엎질러진 후에야 후회합니다.
'조금만 더 노력했다면, 보다 잘 준비했더라면….'

어떤 시험이나 면접의 준비뿐 아니라 사람과의
관계에서도 마찬가지입니다. 사람과의 관계는
한순간에 깨어지는 것 같지만 사실은 그렇지
않습니다. 눈에 보이지 않아서 우리가 알지 못할
뿐이지, 오랜 시간에 걸쳐서 서운함이 쌓이거나
마음이 마르는 과정이 있습니다.

따뜻하게 건네는 한마디의 말은 위기 상황이 아닌,
아무 일도 없는 시간과 아무 날도 아닌 시간에 더
필요합니다.

진심을 알아주시는 분

사람들과의 관계에서 서로의 진심을 전하는 일은 쉬운 듯, 쉽지 않습니다. 서로 간에 간절한 눈빛을 가지고 사랑을 할 때는 말 한마디, 행동 하나에 감동을 하거나 의미 부여를 합니다. 하지만 일상이 된 관계 속에서는, 더더구나 직장에서의 업무나 사역과 관계되어 있다면 차라리 아무 일 없는 게 다행이기도 합니다. 진심을 알아주지 않아도 오해나 말았으면 좋겠습니다.

하지만 그럼에도 불구하고 상대를 향한 신실함, 수고와 헌신, 긍휼을 베푸는 사람들이 있습니다. 그들은 왜 사랑할까요? 알아주지도 않는 상대를 왜 품어 줄까요?

언제나 진심을 알아주시는 분, 마음의 동기와 방향을 아시는 분이 우리 안에 계십니다. 만일 오늘 우리의 일상에 작은 수고와 사랑이 있다면 보이지 않는 그분 앞에서의 순종이 보이는 삶 가운데 나타난 결과는 아닐까요?

일상에 깃드는 감사

매일 반복되는 일상이
무료하고, 허무하고,
힘겹고, 의미없게 느껴질 때

그런 느낌이나 생각이
내 삶으로 구체적으로
드러나지 않기를 기도합니다.

'나는 누구인가?'
'주님은 어떤 분이신가?'
이 질문에 답할 수 있다면
반복되는 일상에 감사가 스며듭니다.

가벼운 것은 올라가고
무거운 것은 가라앉고
느낌은 느낌으로 흩어지고
진실은 진실대로 증명되기를⋯.

서툴러도 해야 합니다

환경과 상황에 밀려 지금은 대세가 된 맞벌이
부부. 그들의 마음 한편에는 아이에 대한 미안함과
죄책감이 있습니다. 아이의 마음속 빈자리를
무엇으로 채울 수 있을까요? 돈으로 살 수 있을까요?
만일 그런 일을 반복한다면 아이들은 부모가 아닌
선물을 바라보게 될 것입니다.

제가 태어나기 전부터 부모님은 일하시느라
바빴습니다. 아침에 일어나 학교에 갈 때에도
부모님은 곁에 계시지 않았고, 학교 마치고 집에
돌아와서 잠자리에 들 때까지도 집에 계시지
않았습니다. 일 년에 주일을 빼면 명절 이틀만
쉬었습니다. 추석과 설날이 되면 부모님은 친척 집에
인사를 드리러 갔다가 오후부터는 부족한 잠을 몰아
주무셨습니다. 어찌 보면 제 삶에 부모님은 부재한 듯
보입니다. 하지만 그들의 사랑을 의심해 본 적은
한 번도 없습니다.

세상에 완전한 부모는 없습니다. 비록 실수와
어긋남이 있지만 서툴러도 말하고 보여 줘야 합니다.

아이의 눈에 보이지 않는 부모의 진심을 아이가
이해할 만한 눈높이와 언어로 노크하는 것은 돈으로
선물을 사는 것보다 어려운 일이 아닙니다.

만날 때마다 안아 주는 것, 잠든 아이의 이마에
손을 대고 기도하는 것, 사랑한다고 말해 주는 것….
사랑을 담은 진심, 사랑을 담은 믿음은 아이의 마음에
쌓이게 됩니다.

그것이면 충분합니다

우리는 자신이 좋아하는 일을 이것저것 해보면서 꿈과 재능을 찾을 수 있습니다. 많은 자기계발서에서 이것을 이야기하고, 저도 동의합니다. 하지만 한편으로는 정말 부담스러워하는 일, 전혀 재능 없어 보이지만 하나님이 기뻐하실 일들에 순종하는 것으로 꿈과 재능을 찾을 수 있습니다.

저는 아직도 꿈이 무엇인지, 제가 잘하는 것이 무엇인지 잘 모릅니다. 하지만 지금까지 인도하신 주님의 보이지 않는 손길을 느낍니다. 부담스러운 마음에도 불구하고 순종했을 때 주님은 제게 말씀하셨습니다. "벽돌 하나 올렸구나, 우리가 만들어 갈 방주의 기둥이란다."

주님과 만들어 갈 우리 인생의 방주를 다 알 수 있는 사람은 없지만, 오늘 벽돌 하나를 올릴 수는 있습니다. 그것이면 충분합니다.

오늘 살 힘

내가 만난 아픈 아이의 엄마는
오늘이 마지막인 것처럼
아이를 사랑한다고 말했습니다.
지친 하루지만 아이가 씻기를 원하면
다시 힘을 내어 아이를 씻기고
이런저런 수고를 합니다.

매일 진심을 다하는 것이
힘에 부치지만
그보다 힘든 일은
힘을 아껴 놓았더니
그날이 마지막이 되어서
평생을 후회하는 것이 아닐까요.

오늘을 사랑하는 몸짓.
그 아름다움.
주님, 오늘 살 힘을 주세요.

우리는 모든 것을 할 수 없습니다

'너는 누구인가?'
사람들은 우리에게 자신이 누구인지, 자신의
능력이 어느 정도인지 증명하라고 말합니다.
과연 그리스도인이라면 이것을, 저것을 보이라고
말합니다. 너의 무죄함을 드러내 보이라고, 인류의
문제를 해결해 보라고 말합니다. 예수님을 향해서도
돌을 떡덩이가 되게 해보라고, 하나님의 아들이
맞다면 십자가에서 내려와 보라고 말합니다.

사단은 끊임없이 우리에게 무언가를 보이라고,
자신을 증명해 보이라고 말합니다. 다행스럽게도
예수님은 당시 팔레스타인 지역의 모든 문제를
다 해결하지 않으셨습니다. 다만 아버지가 원하시는
한 가지를 온전하게 이루셨습니다.

나는 무엇을 할 수 있을까요? 수많은 요구 앞에서
그저 내 앞에 울고 있는 한 사람을 품는 것, 그저
내가 할 수 있는 작은 일에 순종하고 주님 앞에 서서
하루를 살아가는 것, 그것뿐입니다.

오늘을 살지만 동시에 내일을

지난 시간은 부끄러워도 돌이킬 수 없습니다.
내일의 시간은 아직 만나지 못해서 손댈 수 없습니다.
하지만 오늘의 시간은 그렇지 않습니다.

그러면 오늘 나는 어떻게 살아갈까요?
일 년 뒤, 십 년 뒤
나를 향한 하나님의 뜻을 생각합니다.

그 지점에서 오늘을 생각합니다.
그때 나는 오늘을 부끄러워할까요?
그때 나는 오늘을 감사할까요?
그때 나는 오늘을 후회할까요?
그때 나는 오늘의 이 선택을 기뻐할까요?

나는 오늘을 살고 있지만
동시에 내일을 살아가고 있습니다.

반복되는 일상 속에서 주님께 묻기

다른 이를 위해 자신의 몸을 내주는 일은 놀랍고도 아름다운 일입니다. 하지만 그 대단한 일조차도 주님과 관계없을 수 있습니다.

청년 시절, 지하철을 오가며 이런 생각을 했습니다. '난간에서 떨어지는 사람이 있다면 내가 달려가서 그를 구해 줘야지.' 물론 내가 잘못될 수 있다는 전제가 있었습니다. 그렇게 생각한 이유는 주님을 사랑하는 마음도 있었지만 세상의 면면이 쓸쓸하고 의미 없게 느껴지기도 했기 때문입니다.

만일 그렇다면 그 행위는 사랑이 아니라, 과하게 표현한다면 자기학대일 수 있습니다. 누군가를 위해 자신의 모든 것을 희생할 때 자신을 향한 하나님의 뜻과 계획조차 무시당할 수 있습니다.

멋있는 말, 멋있는 행동보다 더 대단하고 거룩한 일이 있습니다. 반복되는 일상 속에서 여전히 주님께 묻고, 동행하는 것입니다.

일상 속 임재

"하루가 너무 분주했습니다.
아침 일찍부터 늦은 저녁까지,
나는 왜 이런 하루를 보내야 했을까요?"

"제가 있는 그곳에
예수님이 계신다고 믿었기에
그곳에 있었습니다."

내가 던진 질문에
내가 답을 하다가
생각하지 못한 타이밍에 울컥했습니다.

내가 있는 곳에
예수님이 계신다고 믿는 순간
그 어디나 하늘나라가 됩니다.

그러기에 잊지 말아야 할 것

시간이 지나면 모든 게 우리에게 익숙해지고 맙니다.
고통스러운 기억도, 즐거웠던 추억도….
그러기에 기억해야 할 것은, 잊지 말아야 할 것은
오늘의 감사와 아버지의 신실하심입니다.

하나님은 대단한 것을 요구하지 않으십니다

우리는 계명을 지키려 하지만 그것은 쉽지 않습니다. 과연 강한 의지로, 탁월한 능력으로 주님의 계명을 지킬 수 있을까요? 원수를 사랑하는 것은 고사하고 가장 가까운 사람을 사랑하는 것도 쉽지 않은 것이 현실입니다. 그런데 주님은 이렇게 말씀하십니다. "너희가 나를 사랑하면, 내 계명을 지킬 것이다."

주님을 사랑하면, 주님의 말씀을 듣고 행할 수 있습니다. 그렇다면 어떻게 주님을 사랑할 수 있을까요? 사랑이라는 것은 한순간에 불타오르기 쉽지 않습니다. 남녀 간의 사랑에서도 아직 내가 준비되지 않았는데 상대가 무리한 것을 요구하면 우리는 몸을 사리게 됩니다.

하나님은 우리에게 처음부터 대단한 것을 요구하지 않으십니다. 내가 순종할 수 있는 아주 작은 것을 말씀하십니다. 결국 우리는 하나님과 사귐을 통해 그분을 알게 됩니다. 오늘 내게 말씀하시는 아주 작은 한 가지를 순종하면 그것으로 사랑은 자라납니다.

이 시간을 기억해 낼 수 있다면

탈북자 대안학교인 여명학교의 졸업사진을
촬영하기로 한 날입니다. 갑자기 비가 내려서
예상했던 야외촬영 진행이 어렵게 되었습니다.
어떻게 해야 할까? 실내에서 촬영하기 위한 장비를
고심하고 있는데 내 앞에서 조잘거리며 이야기하던
온유가 말했습니다.

"지금 아빠는 내 말을 듣고 있지 않고 건성으로만
대답하는 것 같아." 마음을 들켜 버려서 궁색한
변명을 늘어놓았습니다. 말하지 않았는데 어떻게
내 마음을 아느냐고 이야기해 보지만, 말하지 않아도
우리의 진심은 이렇게 일상 속에서 새어 나옵니다.

이사를 하고, 가장 먼저 알아본 일이 온유가 다닐
피아노 학원이었습니다. 등록하고 며칠이 지나서
학원이 어땠냐는 질문에 예상하지 못한 답이
돌아왔습니다.

"아빠, 그 학원에서 나는 혼나고 싶어."
"응?"

"오늘 학원 아이들이 원장님께 혼났거든. 그 모습을 지켜보면서 생각했어. 혼나긴 혼나는데, 무섭긴 무서운데, 그 가운데 뭐가 있는 것 같은 거야. 사랑의 꾸지람이라 해야 하나? 맞아. 가운데 있는 게 사랑인 것 같아. 그래서 나도 한번 혼나고 싶다는 생각이 들었어. 혼나면 어떤 마음이 들까 궁금했거든."

우리는 매일 갈등을 맞닥뜨려야 합니다. 우리 인생에 갈등은 필연적이지만 갈등 속에서 기억해야 할 진심을 생각합니다. 말로 대답하지만 진심이 느껴지지 않는 아빠의 대답처럼, 엄한 표정으로 학원 아이들을 혼내지만 아이에게도 들켜 버리는 선생님의 진심처럼, 다 말하지 않아도 느낄 수 있는 감정과 사랑, 진심이 있습니다.

어젯밤 잠자리에 누운 아이들에게 기도해 줬더니 온유가 이런 말을 했습니다. "아빠는 내가 꼭 잠들려고 할 때나, 학교 가려고 할 때, 집을 나서려고 할 때 안아 주거나 기도해 주는 것 같아." 딸아이가 기억해 준 시간이 고마웠습니다. 이렇게 가볍게 스치는 순간들이 일상에 가득 쌓이겠지요.

만일, 서로에게 갈등이 생겼을 때나 인생의 험난한 풍랑 속에서 흔들릴 때 이 시간들을 생각해 낼 수 있다면 얼마나 좋을까요? 자신을 향한 누군가의 애정 어린 포옹, 사랑과 기도, 매일의 평범한 일상에 담긴 진심을⋯.

빈 공간을 만들어 보세요

언젠가 주님과의 사귐을 위해서는 어떤 것들이 필요한지에 대해 이야기를 나눈 적이 있습니다. 성경을 읽고, 기도를 하고, 신앙 도서를 읽거나 관계와 순종의 훈련 등을 받고….

이와 별개로 나는 빈 공간을 만들면 좋겠다는 말을 했습니다. 의식 가득 무언가를 끊임없이 채워 두면 더 이상 새로운 것을 받아들일 만한 빈 공간이 없게 됩니다. 우리 삶의 빈 시간, 빈 공간을 온갖 콘텐츠로 가득 채우게 되면 주님이 내 마음의 문을 두드리실 때 아무 소리도 듣지 못하게 될까 두렵습니다.

"주님 도와주세요."
"주님 아파요."
"오늘 아버지의 마음을 구합니다."

바쁜 일상 속 빈 공간을 열어 주님께 말을 걸어 보세요. 평범한 일상의 시간 속에서 주님과 함께 걷는 연습이 필요한 시대입니다.

영업시간과 폐점시간

신앙생활은, 다시 말해 믿음으로 산다는 것은 영업시간과 폐점시간이 따로 있지 않습니다. 영업시간을 무한정 늘리게 되면 우리는 버텨내지를 못합니다. "묵도 드림으로 예배를 시작하겠습니다." 그다음은 찬양, 말씀, 헌금과 기도, 축도…. 24시간 동안 줄곧 이 과정을 반복하는 것도 모자라 잠을 자지 않은 채 물리적으로 눈을 뜨고 있어야 한다면 우리는 이틀을 채 깨어 있지 못합니다.

하지만 예수님은 계속 깨어 있으라고 말씀하십니다. 집주인이 언제 돌아올지, 저녁에 혹은 밤중에 혹은 새벽 닭이 울 때 혹은 아침 무렵에 올지 아무도 모른다는 예화를 사용하십니다.

정말 깨어 있기 위해서는 영업시간과 폐점시간을 나누어서는 안 됩니다. 종교생활과 일상생활을 나누어서도 안 됩니다. 그것은 관계입니다. 우리의 일상 속에 끊임없이 주님을 초대하는 것, 주님의 관점을 문제 많은 일상에서 묻고 또 묻는 것입니다.

내일이 아닌 오늘의 풍경

"주님 앞에서 아름다운 그림으로
인생의 궤적을 그릴 수 있게 해주세요"라고
기도한 적이 있습니다.

주님 앞에 아름다운 그림은 어떤 그림일까요?
나는 그 그림을 그릴 만한 재목이 될까요?
그 생각 앞에 두려웠고 내가 작아 보였습니다.

주님,
대단한 그림을 그리려고 애쓰는 대신,
오늘 내게 주어진 인생을 기뻐하며 감사하며
살아갈 수 있으면 좋겠습니다.

내일을 사는 대신
오늘을 살아 보겠습니다.

반복되는 일상 속에서 주님의 신비 찾기

식당을 운영하시는 분이 제게 이런 고민을 나누셨습니다. "하나님이 이 일을 제게 맡기신 이유가 뭘까요? 하고 싶지 않다고 그렇게 거절을 했는데 어느새 이 일을 하고 있습니다. 하나님의 뜻이 어디 있는지 계속 묻고 있습니다."

사람들이 각자의 자리에서 살아가는 것을 보면 놀랍습니다. 그보다 더욱 놀라운 것은 혼자서 살아가기도 쉽지 않은데 누군가를 고용해서 함께 살아가는 것입니다. 물론 구조적인 차원으로 이해하면 다른 문제이기는 하지만, 그럼에도 그렇게 살아가는 존재들을 향한 감탄이 있습니다.

제게 하나님의 뜻을 물었던 분은 주방에서 일하시는 분들을 살피며 마실 것을 사다 드리기도 하고, 홀에서 일하는 청소년들이 하나같이 결손가정에서 어렵게 자란다며 그들에게 개인적으로 장학금도 약속하셨습니다. 진심을 알아주었는지 아이들은 약속대로 담배를 끊은 지 3주가 넘었습니다. 삶을 바꾸는 건 결코 쉽지 않은 일인데도 말입니다.

"그렇게 거절을 했는데 나는 어느새 이 일을 하고 있습니다. 하나님의 뜻은 어디에 있을까요?"
식당 한구석에서 우리가 드린 기도와 질문에
하나님은 신실하게 답해 주십니다. 평범하고
반복되는 일상은 주님의 신비와 이어져 있습니다.

고난이 여전히
우리 인생을 아프게 하지만

Part.3

광야에서도
주님이 함께하십니다.

이 말이 주는 의미는
사정없이 흔들리는 세상에서도
주님이 나와 함께하신다는 뜻과 같습니다.

기도하지만 현실은 그대로일 때

아픔을 품고 살아가는 이들이 많습니다. 우리는 그들을 위로하며 주님의 뜻과 계획이 있다고 말합니다. 그러나 주님의 뜻과 계획을 정말 믿는다 하더라도 현실은 쉽게 바뀔 것 같지 않습니다.

"문제는 영원하지 않습니다." 이 말은 참 슬픈 말 같습니다. 문제는 영원하지 않고 영원한 것은 하나님이시지만 사람은 유한하기 때문입니다. 누군가는 갈등과 문제가 풀어지지 못한 채 인생의 끝을 맺을 수도 있기 때문입니다.

주님의 시간은 영원하지만 우리의 시간은 영원하지 못해서, 인생 가운데 아파하는 이에게 구체적인 위로를 해줄 수 없을 때가 많습니다. 그래서 나는 자주 이렇게 기도합니다. '주님, 차라리 어떠한 것도 기대하지 않겠습니다. 아무것도 기대하지 않으면 실망도 하지 않을 테니까요.' 하지만 이렇게 냉소적으로 말할 때마다 주님은 제게 기대하라고 말씀하십니다.

그래서 기대하지 않지만, 동시에 하나님을
기대합니다. 기도하더라도 현실은 그대로일 수
있습니다. 그럼에도 불구하고 주님이 일하십니다.
주님이 우리 인생에 얼마나 풍성하게 일하실지
매일 기대합니다. 이렇게 현실과 믿음의 간격을
어린아이처럼 배워 갑니다.

갈등을 피할 수는 없지만

"너 저리 가!"
한 아이가 다른 아이에게 말했습니다. 기분 나쁠
만도 한데, 저리 가라는 말에 자리를 옮깁니다.
그리고 얼마의 시간이 지나 저리 간 아이가 툴툴대던
아이에게 다가가 다시 말을 겁니다. 서먹했던 사이는
다시 사이좋은 친구가 되어 깔깔거리며 웃습니다.

마음 상할 만도 한데 잠시 자리를 떠났다가 돌아온
아이에게 어떻게 그렇게 할 수 있었는지 물었습니다.
"얘는 원래 그래요. 짜증 낼 때는 그냥 그대로 두면
금방 괜찮아져요. 그때 다시 친해지면 돼요."
대단치 않게 말하는 아이의 말이 신기했습니다.
우리 인생에 갈등은 피할 수 없지만 그 갈등을 풀어낼
수 있는 답은 시간과 관계 그 어딘가에 숨어 있는 것
같습니다.

주님, 오늘 제가 만나는 문제와 갈등 속에서도 말씀해
주세요. 아이가 발견한 것처럼 주님이 숨겨 두신 답을
볼 수 있는 마음을 허락해 주세요.

"당신을 사랑합니다"라는 말 속에는

정말 심각하게 다툴 일이었다면
연애할 때 결정했을 테지요.
가정에서 크고 작은 문제가 존재하는 이유는
작고 사소하고 일상적인 일이
계속해서 반복되기 때문입니다.

신기하게도 연애할 때는 문제되지 않던 일들이
함께 살아가기 때문에 문제가 됩니다.

그렇기에
"당신을 사랑합니다"라는 말 속에는
"함께하기 때문에 생길 수 있는
여러 갈등을 기꺼이 감수하겠습니다"라는
말이 숨어 있습니다.

순종의 한 걸음

우리 삶에서 일어나는 문제들,
가정 안에서 부부간의 갈등과 자녀의 문제들….
우리는 문제와 갈등을 향해 중요한 일격을
날림으로써 한 번에 상황을 역전시키고 싶어 합니다.

하지만 인생의 문제는 그렇게 풀어지지 않습니다.
다만 오늘 내가 할 수 있는 순종의 한 걸음을 통해
새로운 물꼬가 트이는 것을 경험할 수는 있습니다.
그 순종의 한 걸음을 통해 전에 생각하지 못했던
방향과 관계가 만들어지게 됩니다.

마음으로 울고 있는 이들

하하하.
웃고 있지만 가끔 마음이 울고 있을 때가 있습니다.

주님, 주님,
마음으로 울고 있을 때마다 주님을 부릅니다.

그러다가 이런 생각을 합니다. 얼마나 많은 얼굴들이 웃고 있지만 울고 있을까요? 사람들이 부러워하는 웃음을 가진, 모든 것을 가져서 넉넉해 보이는 TV나 영화 속 주인공들도 마음으로는 울고 있지 않을까요? 친구를 만나서, 가족과 함께 있으면서 아무 일 없는 것처럼 웃고 있지만 마음속으로는 울고 있는 이들….

주님, 그들의 마음에 찾아가 주셔서 그들의 가면 안에 있는 깊은 아픔과 상실을 위로해 주세요. 누구 때문에 기뻐할 수 있는지 가르쳐 주세요.

억울한 상황과 현실의 벽 앞에서

하나님을 믿는다고 하고, 하나님이 나의 주님이 되어 주신다고 고백하지만 현실은 여전히 억울한 상황과 원수에게 쫓기는 위급함 가운데 놓일 수 있습니다. "일어설 수 있어요. 이 문제를 이겨낼 수 있습니다." 이런 다짐과 결심만으로 살아가기에 현실의 벽은 높고, 적의 위협은 너무 두렵습니다.

이 일을 해결할 수 있다고 기도할 수는 없지만 다만 이렇게 고백합니다. "이 재앙들이 지나가기까지 주님의 날개 그늘 아래 피하겠습니다. 내게 은혜를 베풀어 주세요." 다 이해하지 못하고 깨닫지 못하지만 주님의 사랑에 거합니다. 사랑에는 두려움이 없습니다. 완전한 사랑은 두려움을 내쫓기 때문입니다.

성경 속에서 다윗은 노래합니다. 눈에 보이지 않지만 여전히 함께하시는 주님을…. 엘리사가 말합니다. 눈에 보이지 않지만 우리와 함께한 자가 그들과 함께한 자보다 많다고…. 오늘도, 우리는 주님의 날개 그늘 아래 거합니다.

문제를 해결하기 위해서는 시간이 필요합니다

아내와 저는 닮은 부분도 있지만 다른 것투성입니다. 꼼꼼하고 신중한 아내와 덤벙대고 비약적인 저와의 차이는 아직도 메워지지 않고 있지요. 그럼에도 불구하고 함께한 시간들은 서로에 대해 알아 가게 만듭니다. 예를 들면, 누군가의 질문에 아내가 주저할 때면 그 머뭇거림이 상대를 배려하는 마음이라는 것을 함께한 시간을 통해 알게 되었습니다.

오늘도 누군가에게 고민을 전해 들었습니다. 사랑하는 사람과 사랑을 하고, 사랑해서 함께하게 되었지만, 매일매일 사랑이 아니라 갈등을 경험하게 된다고 합니다. 그래서 그것이 정말 사랑이었는지, 혹시 잘못된 만남은 아니었을지를 염려합니다.

문제없는 인생을 기대하면 매일 마주 대하는 현실은 도리어 비극이 됩니다. 물론 갈등을 풀어나갈 방법도 고민해야 하지만, 한편으로는 물리적인 시간 자체도 필요합니다. 서로 다른 인생을 살아온 상대를 이해하기 위한 필수 요소가 시간이기 때문입니다. 누군가는 그 최소 단위를 10년이라고도 말합니다.

시간 속에 답이 숨어 있다면, 갈등하고 씨름하며 하루를 살아가는 그 매일의 시간 속에서 함께 살아갈 수 있는 해답들을 찾아낼 수 있지 않을까요?

내 영혼아, 예수님을 바라봐

곤고함을 느낄 때는 내 영혼에 말합니다.
"내 영혼아, 예수님을 바라봐."
내 영혼에 말하는 것이 아무것도 아닌 행위 같지만
가슴을 손으로 노크하며 자주 말합니다.

한없이 달려가야 할 때는 달려가며 말합니다.
기다리고 기다리다가 내 차례가 도저히 오지 않을
것 같을 때도 말합니다. 명백한 일 앞에 답답하고
억울하고 속상할 때도 내 영혼을 두드리며 말합니다.

"이게 인생이야. 인생은 정의롭지 않으며, 불공평하고,
나를 기다려 주지 않고, 생각하는 것만큼 이상적이지
않아. 하지만 내 영혼아, 예수님을 바라봐. 십자가의
사건은 정의롭지 못하고, 억울하고, 속상할 수 있는
사건이었지만 강한 자를 부끄럽게 했고, 사람들을
구원했으며, 놀라운 사랑의 절정을 보여 주었어.
내 영혼아, 예수님을 바라봐. 만물이 그분에게 속해
있단다."

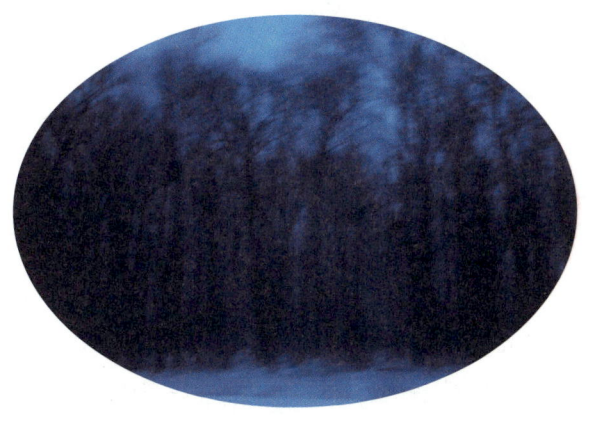

우리 인생에는 슬픔도 가득합니다

이른 아침에 가까운 동역자에게 전화가 왔습니다.
아버지는 십 년이 넘게 수감되었고, 그 시간
동안 아이들은 고모가 돌봐 주었습니다. 그런데
아이들에게 엄마와 같았던 그 고모가 스스로 목숨을
끊었다고 합니다. 그날 하루 동안은 내 마음을 어디에
기대야 할지 몰라 아파했습니다.

한 후배도 아픔을 이야기했습니다. 말을 잇지 못하는
슬픔 앞에 나는 감히 위로할 말이 생각나지 않아서
예수님을 이야기했습니다. 우리의 아픔과 슬픔을
경험한 분이 예수님이기에, 그분의 위로를 초청하며
훌쩍이며 거리에서 기도했습니다. 도리어 섣부른
위로가 될까 조심스러웠습니다.

"(윤동주는 팔복이라는 시에서) '슬퍼하는 자'라는
한 가지를 여덟 번 반복한다. 더 깊은 슬픔이다.
그의 시에서 언급된 모든 슬픔을 다 모아놓은 슬픔이다.
섣부른 위로를 말할 수 없는 슬픔이다.
얼마나 많은 이들이 섣부른 위로를 늘어놓는가?
얼마나 많은 책들이, 설교가, 강연이 섣부른 위로를

늘어놓는가. 충분한 공감과 애도의 시간이 없이…."
- 윤은성의 「만남」 중에서

그 슬픔들 앞에 나는 무엇을 말할 수 있을까요.
아무것도 말할 수 없어서 기다릴 수밖에 없습니다.

또 다른 아픔도 있습니다. 아내는 며칠 동안 대화할
때마다 눈물을 흘렸습니다. "귀한 별이 진 것 같아."
미술을 전공했고, 영화감독을 꿈꿨지만 결국 그는
무엇도 이루지 못했습니다. 이루고 싶은 꿈이
있었지만 주님이 주신 마음이라며 자신의 두 아이를
품고 기르다 생을 마감했습니다. 아내의 눈물을
따라 나도 같이 울었습니다. 영화감독을 꿈꾼다고
꼭 영화를 만들어야 주님 나라 별일까요? 두 아이를
주님 마음으로 품고 기르느라 아무것도 하지
못했지만, 그래서 병들어 일찍 죽게 되었지만,
그래도 주님의 별이라 믿습니다.

낙엽 진 거리를 밟습니다. 바스락 소리가 좋습니다.
하루하루가 너무 감사하고 기쁩니다. 하지만 우리
인생에는 슬픔도 가득합니다. 누가 슬픔을 위로할 수
있을까요? 그럼에도 기도할 수 있어 감사합니다.

절망 가운데 부활을 꿈꿉니다

아픔이 있습니다.
표현할 수 없는 어려움이 있습니다.
나를 지으셨기에 주님은 나를 아십니다.
나 자신조차도 알 수 없는
두려움과 고독감과 불안함을
주님은 아십니다.

주님의 임재를 사랑합니다.
주님이 함께하실 때에만
나는 그 상처와 아픔을 이해할 수 있습니다.
때로는 그 아픔을 견뎌야 할 때가 있습니다.

예수님이 십자가에 못 박혀 죽으실 때
부활을 꿈꾸신 것처럼
나는 절망 가운데 있을 때
주님의 부활을 꿈꾸겠습니다.

하나님이 특별히 사랑하시는 사람

하나님은 누군가를 특별히 사용하십니다. 정말 가까이에서 돌보시는 것처럼, 혹은 하나님의 군대가 그를 호위하는 것처럼 보입니다. 맞습니다. 하나님은 특별히 누군가를 통해 그 뜻을 이루십니다.

하나님은 그분이 사용하시는 사람을 무척이나 사랑하십니다. 하지만 그렇지 않은 사람들, 멈춰 있거나, 눈물 흘리거나, 지금 광야 한가운데 서 있는 사람을 특별히 사랑하십니다.

내가 무언가를 성취한다고 하나님이 나를 더 사랑하시는 것이 아닙니다. 내가 광야에 서서 아무것도 할 수 없을 때, 그때에도 하나님은 우리를 최고의 사랑으로 사랑하십니다. 왜냐하면 하나님은 내가 아직 죄인 되었을 때, 그리스도께서 나를 위해 죽으심으로 그 사랑을 확증하셨기 때문입니다.

마음이 문제입니다

한 걸음을 더 걷기가 힘든 이유는,
사람과 문제에 한 걸음 더 다가가기 힘든 이유는
문제가 문제라기보다는
마음이 문제일 때가 많습니다.

문제의 깊이가 얕아도 마음이 허락되지 않으면
아무것도 할 수 없지만
문제의 깊이가 아무리 깊어도
하나님이 마음을 허락하시면
넉넉하게, 도리어 기뻐하며 길을 걸을 수 있습니다.

주님, 내 마음이 돌같이 굳어 있다면
부드러운 마음을 허락해 주세요.

우리는 문제투성이 그 자체입니다

속상한 일이 있을 때 한껏 내지르면 마음이 풀어질
수 있습니다. 그래서 사람들은 벽을 세게 두드리거나
소리를 지르곤 합니다. 속상한 일을 인생에서
단 한 번만 경험하게 된다면 다행한 일이지만,
안타깝게도 우리는 문제투성이 그 자체입니다.

문제를 만날 때마다 이런 방식으로 풀어낸다면,
내 목에서는 늘 쉰 소리가 나오고 우리를 둘러싼
벽과 주먹은 온통 멍들어 있을지도 모릅니다.
그리고 안타깝게도 이런 몸짓은 어느샌가 습관이
되고 맙니다.

인생은 단거리 경주가 아니라 마라톤과 같습니다.
목소리로, 주먹으로 해결할 수 없는 영역입니다.
마음도 마찬가지인 것 같습니다. 소리 지르고 벽을
친다고 해도 잘 풀어지지 않습니다. 이렇게 속상하고
풀기 어려운 마음은 신체의 한 부분과 같습니다.

아픈 심장이나 혈관에게 왜 아프냐고 따져 묻지
않는 것처럼, 속상한 마음에게도 왜 그러느냐고

따지기보다는 마음을 만져 주고 그 마음을 품으며 기도합니다. 생명의 신비가 그곳에 담겨 있기 때문입니다.

"그 무엇보다도 너는 네 마음을 지켜라.
그 마음이 바로 생명의 근원이기 때문이다."(잠 4:23, 새번역)

황무지에 꽃이 피는 것처럼

온통 흔들리는 삶이 두렵고 불안할 때가 있습니다. 흔들리는 삶 자체보다 내가 염려하는 것은 쉬운 선택을 하는 것입니다. 심장이 지시하는 것이 아니라, 주님이 말씀하시는 것이 아니라, 그저 쉬워 보이는 선택을 할까 두렵습니다. 마치 주님이 안 계시는 것처럼 선택하고 살아갈까 두렵습니다.

하지만 위로가 되는 것은 성경 속에 나오는 사람들 역시 마찬가지였다는 것입니다. 아브라함이 그랬고, 야곱과 요셉, 모세와 다윗, 엘리야와 세례 요한이 그랬습니다. 가장 극심한 환란에 처했던 욥의 경우도 마찬가지였습니다. 욥이 그의 친구들과 벌인 논쟁의 대부분은 이 환란이 어디서 비롯되었나 하는 것이었습니다. 욥은 이렇게 고백합니다.
"내가 가는 길을 그가 아시나니 그가 나를 단련하신 후에는 내가 순금같이 되어 나오리라"(욥 23:10).

우리가 가는 길을 우리는 알지 못합니다. 시간이 지나 돌아보았을 때야 웃을 수 있겠지만, 당장은 한 치 앞도 알지 못해 두려워 떠는 존재입니다. 하지만

날마다 옳으시며, 선하신 주님이 나의 가는 길을
아신다는 말은 얼마나 복된 말인가요?

주님, 문제의 해결에 그치는 것이 아니라 그 문제
너머의 하나님의 일을 보게 해주세요. 우리 삶의 모든
정황 속에서 예수님이 진정 누구인지를 보고 깨달을
수 있는 눈을 열어 주세요. 황무지에 꽃이 피는
것처럼, 하나님의 하시는 일을 나타내 주세요.

풀 수 없는 문제 앞에서

급하게 풀어야 할 문제가 있는 반면, 급하게 풀면 풀리지 않는 문제들이 있습니다. 그럼에도 불구하고 문제를 풀어내려 노력합니다. 내가 달려가 문제를 품고 희생하면 문제를 해결할 수 있을까요?

드라마나 영화에서는 숭고한 자기희생을 통해 문제가 해결되지만, 현실에서는 가당치 않은 이야기입니다. 수고하고 수고하다가 선택하는 것이 더 이상 실망하지 않으려고 마음을 딱딱하게 만드는 일입니다.

그런데 마음을 딱딱하게 만들려고 할 때마다 주님은 문제를 언급하시는 대신, 마음을 말씀하십니다. 내가 해결할 수 없는 문제를 해결하려 하시는 대신, 그저 지금 내가 바라보는 시선의 끝에 누가 있는지를 물으십니다.

나는 누구입니까? 문제를 풀어낼 수 없는 한계가 많은 사람입니다. 그리고 그는 누구십니까?
"내가 그니라."(요 18:6)

모세는 긴긴 여정을 통해 하나님이 어떤 분이신지 알게 되었습니다. 그리고 그를 따르던 여호수아도, 함께했던 갈렙도 알게 되었습니다. 그분이 약속하신 기업들과 구원의 여정을…. 주님의 시간은 한 번도 멈추지 않았습니다.

"내가 그니라."
예수님을 잡으러 온 군병들조차 이 말을 하실 때에 뒤로 물러나 땅에 엎드러졌습니다. 주님은 그리스도이시며, 살아계신 하나님의 아들이시며, 지금도 나와 함께하는 분이십니다.

곁에 있어 주기

"그랬어야지."
"그랬었구나."

똑같이 상대를 위한 말이라 하지만
듣는 이의 온도 차이는 상당합니다.

똑같은 상황에서도
누군가의 우위에 서 있는 것과
비켜 서 있는 것과
곁에 서 있는 것은 차이가 큽니다.

섣부른 해답이나 하고 싶은 말은 잠시 삼키고
그저 곁에 있어 주는 것만으로
고개를 끄덕이는 것만으로
우리는 누군가의 위로가 되어 줄 수 있습니다.

광야에 있을 때 빛나는 믿음

내 뜻이 곧 하나님의 뜻이라 말하는 시대, 하지만 내 뜻이 하나님의 뜻이 아닐 수 있고 나의 반대편에 서 있는 사람이 하나님의 뜻일 수 있습니다.

제자들이 공회에 잡혀서 고난당하고 있을 때 생각지도 못했던 인물, 가말리엘이 제자들을 변호하고 나섰습니다. "만일 그들이 하나님께로 비롯되었다면 우리는 하나님을 대적해 싸우는 사람이 될 것이다."

압살롬의 반역으로 피난하던 다윗에게 시므이는 돌을 던지며 저주했습니다. 그 상황에서 다윗은 시므이를 내버려 두며 말합니다. "그를 내버려 두어라. 그를 통하여 하나님이 내게 말씀하시는지도 모른다. 하지만 이 상황이 내게 억울하다면, 하나님이 친히 갚으실 것이다."

나의 반대편에 있다고 그들이 하나님의 반대편에 있다고 전제하는 대신, 이해되지 않는 상황 속에서도 원수 갚음이 하나님께 속해 있다고 고백하겠습니다. 믿음은 광야에 있을 때 더욱 빛이 납니다.

우리 삶을 사용해 주세요

내가 고민하는 고민과
내가 아파하는 아픔과
내가 슬퍼하는 슬픔과
내가 기뻐하는 기쁨이

경험, 그 자체로 끝나는 것이 아니라
누군가를 위로할 수 있는
근거가 되게 해주세요.

오래전부터
고민하며 눈물 흘릴 때마다
주님께 올려 드리는 기도입니다.

우리의 삶은 우리 자신의 삶에
종속되지 않습니다.
우리 삶을 통해 주님의 뜻을 이루어 주세요.

아프지만, 그래도 웃고 있습니다

십여 년 전, 아프고 힘겨운 인생이 있었습니다.
우린 만날 때마다 함께 기도했는데 왜 이렇게 눈물도
많았는지…. 하지만 현실은 전혀 바뀌지 않았고
그 후로도 눈물겨운 시간을 보냈습니다.

"내가 할 수 있는 것이 있을까요? 하나님은 나를
통해서도 일하실까요?" 그는 내가 하나님께 묻던
질문과 비슷한 말을 자주 하곤 했습니다. 지금 그는
자신만큼 아픈 나라에 가 있습니다. 자신의 아픔
때문에 이들을 껴안는 것이 어렵지 않습니다.

어느 날 그는 길을 가다가 맨발인 사람을 만났습니다.
그는 맨발인 사람에게 자신의 신발을 벗어
주었습니다. 그렇게 맨발로 걸어가는데 쌀집에서
일하는 자매가 자기의 맨발을 보더니 자기의 신을
벗어 주었습니다. 웃음이 났다고 합니다. 신을
신어서가 아니라 그냥 웃음이 났다고 합니다.

매일 웃고 있습니다. 고난이 여전히 우리 인생을
아프게 하지만 웃고 있습니다. 시간이 흐른 후에야

하나님이 어떤 분이신지, 그분의 사랑이 얼마나 깊고 깊은지 알게 되겠지요. 인생이 크고 대단해 보이지만 주님 앞에 세상은 작고 작습니다. 우리는 아버지를 알 수 없습니다. 아버지는 토기장이입니다.

도무지 기도할 수 없을 때에도

Part.4

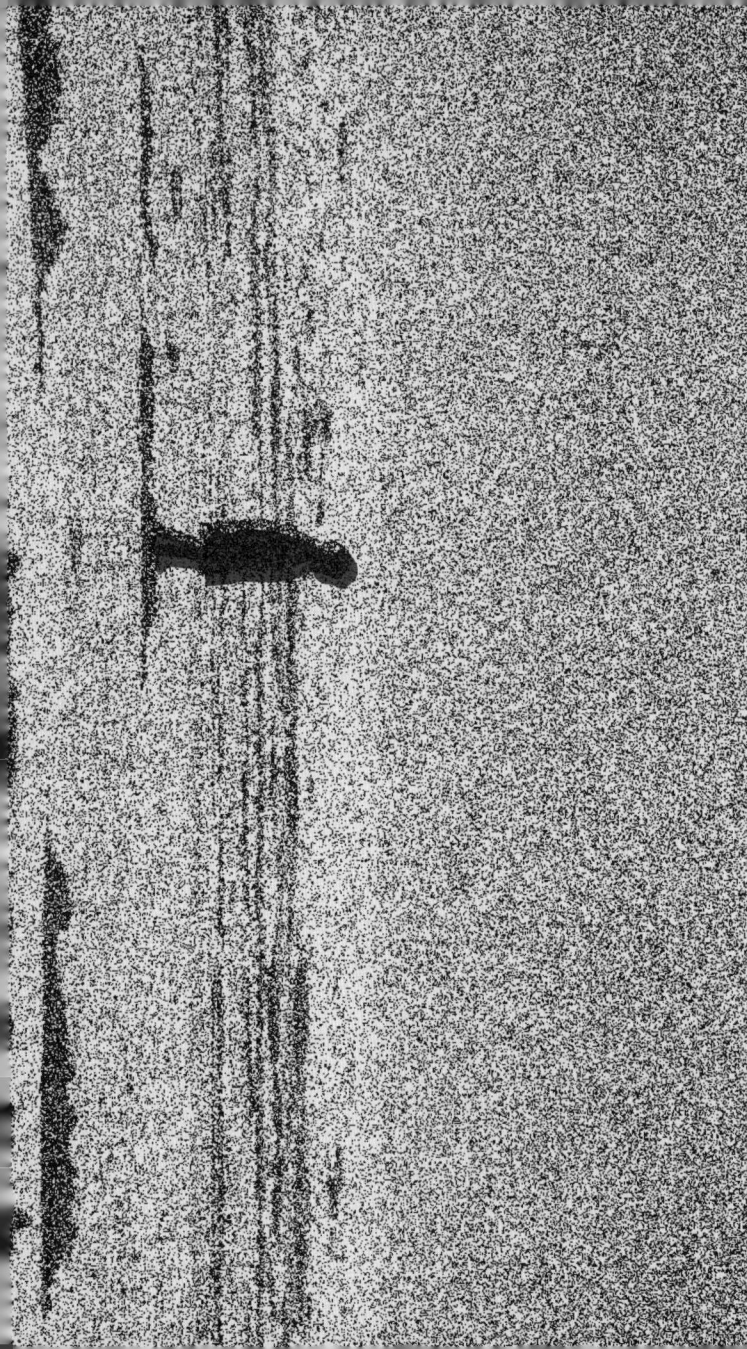

조금 더 힘을 갖게 해달라고,
조금 더 강한 능력을 갖게 해달라고,
조금 더 영향력 있는 지위에 서게 해달라고,
이렇게 기도하는 대신
오늘 조금 더 예수님을 사랑하게 해달라고
기도하겠습니다.

기도는 무능하지 않습니다

더욱 빠르게 치고 달려야 겨우 생존할 수 있다고 합니다. 그 이후에도 쉼 없이 달려 나가야만 현상유지가 가능하다고 합니다. 그래서 신앙생활을 하고, 기도를 하고, 교회에 가는 것은 사치처럼 여겨집니다.

이런 조급한 마음 때문에 말씀도, 은혜도 가성비를 따져 묻게 됩니다. "그래서? 말하려는 요지가 뭔가요? 그냥 결론만 말하세요." 답을 확인한 후, 다시 페달을 돌려야 하기 때문입니다.

하지만 생존의 문제 앞에서 조급함은 답을 가져다주지 않습니다. 한없이 무능한 것 같은 주님이 우리를 만나 주시면, 내가 생각지 않았던 답을 만나게 됩니다. 주님은 합리적이지 않으시고, 가성비를 따지지 않으시기에 우리를 기다리셨고, 택하셨고, 건지셨습니다. 얼마나 다행이고, 얼마나 감사한 일인가요? 기도는 절대로 무능하지 않습니다. 주님은 언제나 나를 향한 답을 가지고 계십니다.

기도를 방해하는 현실 속에서

기도는 아무것도 방해하지 않는
평온하고 제한된 곳에서
드린다고 생각했습니다.

하지만
기도할 수 없는 여건,
가만히 기도할 수 없도록 방해하는
현실 세계 속에서
기도를 배웁니다.

마치, 목숨이 위태로운 전쟁터에서
다윗이 노래하고 기도했던 것처럼….

판단하는 대신 기도하겠습니다

이 공기는 몇 그램일까요?
공기의 무게를 나는 잘 알지 못합니다.
마찬가지로 상대방의 감정의 무게 또한
내가 보는 것이 전부가 아닙니다.

그 이면을 볼 수 없기에
나는 판단을 유보합니다.
한 단면으로만 판단하지 않겠습니다.

드러난 모습을 통해
드러나지 않은 상대의 상처와 아픔,
그 마음을 이해할 수 있는 깊이를 허락해 주세요.
판단하는 대신, 기도하겠습니다.

내 아픔처럼 기도해야 합니다

여자친구일 때 그녀의 문제는 그녀의 것이었습니다. 하지만 결혼하고 아내가 되면 상황은 달라집니다. 아내의 문제는 그녀의 것만이 아니라 아내와 한 몸이 된 남편의 문제가 됩니다. 그녀의 아픔과 고민, 기도제목은 내 것이 됩니다. 물론 그 반대도 마찬가지입니다.

이 땅의 교회 문제는 그리스도의 신부로서의 문제입니다. 예수님과 관계된 문제라면 나와 별개로 존재하는 문제가 아닙니다. 나와 관계없는 문제가 아니라 내 아픔처럼 아파하며 기도해야 합니다.

떨지 않고 기도하고 싶다면

기도가 늘 어려웠습니다. 나 혼자 드리는 기도나 많은 사람들이 함께 드리는 기도는 괜찮았지만 모임 안에서 대표해서 기도해야 할 때는 늘 난감했습니다. 그럴 때는 급한 일이 있는 것처럼 자리를 피하기도 했습니다.

그런데, 어느 순간부터 기도하는 게 힘들지 않게 되었습니다. 만일 믿음으로 순종하는 것이 보이지 않는 다음 걸음을 소망하는 것이라고 생각한다면, 기도도 이와 같지 않을까 생각하면서부터입니다.

내 안에 계신 성령님의 인도하심을 구하며 한 문장, 한 문장 기도하거나, 그마저도 막막하다면 예수님이 가르쳐 주신 기도를 드리곤 합니다. 기도는 내가 원하는 것을 하나님께 관철시키는 것이 아니라, 내 아버지와의 대화입니다. 반복되는 기도가, 부르짖는 횟수의 문제가 아니라 그저 사랑하는 주님의 이름을 부르는 것 자체가 아름다운 기도일 수 있습니다.

기도가 좋은 사람은 많지 않습니다

태어날 때부터 장애를 가진 친구가 있습니다. 뇌성마비로 태어나 전동 휠체어로 움직이며, 말하는 게 힘들 때도 있습니다. 오래 전 친구들과 계곡에 갔을 때 물살이 세서 제가 그 친구를 업고 개울을 건넜던 적이 있었습니다. 그는 오랫동안 그 일을 마음에 두고 속상해했다고 합니다.

그런데 그는 이제 자신이 할 수 없는 일에 대해 도움을 요청하는 것이 더 이상 초라한 것이 아니라고 믿는다고 합니다. 그 친구는 기도에 대해서 이렇게 말합니다.

"기도는 하나님이 정말 내 옆에 계신 느낌이어서 좋고, 내가 할 수 있는 것 중 하나라서 좋다."

이 친구는 기도가 좋다고 말합니다. 그런데 기도가 좋은 사람은 많지 않습니다. 내가 할 수 있는 것이 너무 많아서 우리는 기도하지 못하는 것은 아닐까요. 그래서 다 망한 후에 더 이상 내가 할 수 있는 게 하나도 없게 되었을 때 기도하는 것은 아닐까요.

주님의 마음이 부어지기를 기도하겠습니다

나의 상황을 깨뜨리지 않으면
문제 앞에 쓰러지지 않으면
나는 도무지 주님 앞에
엎드려 울지 않을 존재입니다.

하지만 주님 앞에 서게 되면
내 문제는 주님의 크심 앞에
아무것도 아닌 게 되어 버립니다.

한나는 자신의 아픔으로 기도를 시작했지만
결국 그 기도는 흑암 속에 있던 이스라엘을
빛으로 이끄는 씨앗이 되었습니다.

문제 때문에 기도하지만
주님이 그분의 마음을 부어 주시면
주님의 나라를 꿈꾸게 됩니다.

그렇다면 문제가 속히 해결되기를 기도하는 대신,
주님의 마음이 부어지기를 기도하겠습니다.

하나님은 그런 분이 아니십니다

질문에 답하는 영상을 찍었습니다. 수백 개의 질문들이 있었고 내가 원하는 만큼 답을 할 수 있었습니다. 하지만 내가 말하는 게 정답이라 자신할 수 없었고 개인적인 질문에 대한 답을 일반적인 답처럼 말할 수도 없었기에, 그중에 그나마 제가 답한 것은 대부분 질문을 고쳐 말하는 형태가 되어 버렸습니다.

"회개 기도를 했지만 또 회개 기도를 해야 할까요?"

"회개 기도는 주술이나 액땜이 아닙니다. 기도는 관계적이고, 주님과의 대화이기에 주님이 회개 기도를 시키시면 얼마든지 기도를 하면 되겠지요. 기도는 횟수의 제한이 없습니다. '주님 나를 불쌍히 여겨 주세요.' 나는 자주 이렇게 기도합니다. 하지만 만일 질문자가 걱정하는 것이 회개 기도를 하기는 했지만 한 번밖에 하지 않아서 부족하다고 느껴서라면, 다시 말해 정성을 들이지 않았다는 생각에 만 번 합장을 하려는 것이라면, 아직 용서가 덜 된 느낌 때문에 기도를 하려는 것이라면 하나님이 어떤 분이신지 아는 것이 우선이라고 생각합니다.
하나님이 우리를 불쌍히 여기시면, 우리의 죄악을
발로 밟으시고 우리의 모든 죄를 깊은 바다에
던지십니다(미 7:19). 우리는 다시 건져 올리지 못할,
찾지 못할 곳에 있는 죄악을 마치 하나님이 미덥지
못한 것처럼 과거로부터 다시 건져 올리지 않아도
됩니다. 회개 기도는 기도 자체로 끝나는 것이 아니라
회개의 행동으로 나타나는 것입니다. 하지 말아야 할
것을 멈추고 돌아서는 것입니다."

질문에 일일이 모두 답변하지는 못했지만 사실
답하고 싶은 말이 너무 많았습니다. 안타까운 마음에
울음이 났습니다. 왜냐하면 한 사람, 한 사람의 질문
안에는 아프고 답답한, 절망 가운데 쓰러져 있는
그들의 내면이 투영되어 보였기 때문입니다.

"그동안 얼마나 많이 아팠니? 하나님은 그런 분이
아니란다. 하나님이 너의 위로가 되어 주실 거야.
스스로 절망하고 포기하는 너에게 다시 빛을 비춰
주실 분이란다."

반복해서 기도하는 이유

마음이 아플 적에는
마음의 소리로 이렇게 기도합니다.
"마음이 아파요. 나를 구해 주세요. 도와주세요."

길을 걸으며 반복해서 기도하는 이유는
반복의 횟수가 차게 될 때 주님이 일하실 거라
믿기 때문이 아닙니다.
이렇게 반복해서 기도하는 이유는
어떻게 기도해야 할지 모르기 때문입니다.
반복해서 기도하는 이유는 간절함 때문이며
주님만이 내 기도에 귀 기울이시는
내 아버지이기 때문입니다.

"아빠 살려 주세요."
"아빠 구해 주세요."
"아빠 도와주세요."

그 너머를 바라보겠습니다

언젠가 친구가 죽을 것 같은 시간을 보내며 누군가 자신을 위해 기도해 주기를 기도했을 때 절묘한 타이밍에 서로 만난 적이 있습니다. 이런 순간들이 가득했으면 좋겠지만, 주님 앞에 순종했을 때마다 결과와 열매를 다 보게 되면 좋겠지만 그러지 못하는 경우가 대부분입니다.

"항상 열매 맺지는 못한다 하더라도 믿음으로 그 너머를 바라보겠습니다." 언젠가 이렇게 기도하다가 눈물을 주르륵 흘린 적이 있습니다.

주님, 지금 제가 드리는 기도를 다 알지는 못하지만 이 기도를 사용해 주세요. 하나님이 하시고 싶은 일을 이 기도를 사용해서 이루어 주세요. 지금도 죽을 것 같은 시간을 보내는 누군가가 있겠지요. 우리가 드리는 이 기도를 사용하셔서 하나님이 만나길 원하시는 한 사람을 만나 주세요.

아픔이 곪지 않도록

아픈 일이 있을 때 아픔을 쏟아부으면 나중에 후회할 때가 많습니다. 그렇다고 가슴에 품고 있으면 흔히 속병이 드는 것처럼 마음이 곪아 터집니다.

그때는 믿을 만한 기도의 동역자를 찾아 기도를 부탁하며 이야기를 나눕니다. 그러면 하소연이 아니라 기도의 제목이 됩니다. 그조차도 할 수 없을 때는 나만의 공간에 눈물로 글을 만들어 적습니다. 그리고 덮으며 기도합니다.

한참의 시간이 지나 이 기도들은 어떻게 응답될까요. 하나님을 기대합니다.

문제 속에서 드리는 기도

어제 문득 후배가 작업하고 있는 작업실이 생각났습니다. 잠시 머물 시간이 되어서 건물 꼭대기 작업실로 향했습니다. 한창 작업 중인 그의 몸과 얼굴에는 온통 물감이 묻어 있었습니다. 그리고 여러 힘든 상황과 아픔들이 물감처럼 그의 내면에 번져 있었습니다.

아직 열어 보지 않은 문자메시지를 제가 대신 확인해 주었습니다. 아픔이 더 깊어질까 봐 "그냥 읽어 보지 말아라"고 했습니다. 수많은 오해와 아픔들이 가득한 시간 속에서 내가 해줄 말은 없었습니다. 단지 마음속으로 기도할 뿐이었습니다. "주님, 이 기도를 사용하셔서 후배를 도우시고, 이 문제 속에서도 주님의 영광을 보여 주세요." 그런데 이 기도의 내용은 제게도 많은 생각을 갖게 해주었습니다.

문제로 인하여 기도하게 되었지만 문제가 없었다면 과연 이런 절박함을 가질 수 있었을까? 끊임없이 반복되는 이 절망은 긴 시간 동안 주님께 무릎 꿇게 만드는 하나의 동인이었음을 고백합니다.

우리의 마음을 할퀴는 문자, 대화, 사람들, 이 모든 문제의 배후에 있는 세력들을 대적합니다. 하지만 사람들은 주님의 마음으로 용서합니다. 화목하게 도와주세요.

해결되지 않은 채 영원히 이어질 것 같은 문제와 틀어진 관계들이 영원하지 않음을 선포합니다. 이 땅에 영원한 것은 오직 주님의 이름입니다. 고민하고 낙담하는 대신에 주님의 얼굴을 바라보겠습니다.

이 모든 문제가 우리가 주님을 바라보도록 하기 위해 주님이 우리를 떠미신 것이라고 믿지는 않습니다. 그것은 수많은 시절 속에 녹아진 서로의 잘못과 상처 때문입니다. 그것을 회개합니다. 하지만 이 상황을 통해 더욱 주님을 바라보겠습니다.

예수님을 가장 사랑하게 해주세요

차에서 내릴 때 온유가 놀리듯 제게 말했습니다.
"아빠는 운전을 마치고 나면 맨날 '주님, 감사합니다'
이렇게 말해." 집을 나설 때 현관에서 신을 신고
있으면 "아빠는 신발 신고 나갈 때 '주님, 주님.
도와주세요'라고 말해."

요즘 온유가 아빠를 관찰하고 흉내 내곤 합니다. 물론
아빠를 놀리는 부분도 있지만 개의치 않습니다. 저도
알지 못했던 부분이었습니다. 그 습관적인 신음들을
아이가 인식하고 말해 주는 것이 고마웠습니다.
"아 그래? 아빠가 그랬어? 어떻게 했는데?" 아이들은
어른을 흉내 내며 신앙을 배워 간다고 생각합니다.

온유가 네 살부터 어깨너머로 배운 기도가 있습니다.
"제가 예수님을 가장 사랑하게 해주세요." 이 기도를
들을 때마다 제 마음은 뭉클해집니다. 이 기도를
온유에게 말로 가르쳐 준 적은 없습니다. 다만 아이
옆에서 기도하며 날마다 그렇게 고백했기 때문에
자연스럽게 배우게 된 것입니다.

며칠 전에는 차를 타고 가다가 아이들이 노래를 지어 부르길래 녹음을 했습니다. 아직 아이에게는 기도와 예배, 놀이와 장난이 구분되지 않습니다. 하지만 이 기도와 찬양 속에서 주님은 우리와 함께 웃고 계실 거라고 믿습니다.

내 마음에 자리 잡을 때까지

여러 염려가 있습니다.
그것은 나를 한없이 작아지게 만들고
오늘을 불안하게 만들며
내일을 두려워하게 만듭니다.

하지만 염려 대신
기도와 감사를 드리겠습니다.

하나님의 약속을 믿기 때문입니다.
그리하면 하나님의 평강이
예수님 안에서 내 마음과 생각을
지킬 것이라 약속하셨기 때문입니다.

그렇다면 나는
기도하되, 하나님의 평강이
내 마음에 자리할 때까지
기도하겠습니다.

아이의 기도

"지금은 점심입니다. 오늘은 밖에 비가 옵니다.
비 그치게 해주시고, 오늘은 하나님을 많이
사랑하게 해주시고, 엄마 아빠 말 잘 듣게 해주시고,
나랑 누나랑 싸우지 않게 해주시고, 누나랑 나랑
엄마 아빠랑 예수님 사랑하게 해주세요.
예수님의 이름으로 기도합니다. 아멘."

몇 달 전부터 소명이는 기도하기 시작했습니다.
얼마 전에 유아부 선생님이 부친상을 당하셨을 때는
선생님을 안고 기도해 이렇게 주었습니다.
"하나님, 우리 선생님 도와주세요. 예수님만
바라보게 해주세요." 5살 아이의 위로에 선생님은
눈물 흘리며 감사해했지요.

아직 무엇을 어떻게 기도해야 할지 모르지만
아이의 기도를 보며 기도가 무지 어렵거나 곤란한
것이 아님을 알게 되었습니다. 기도는 그저 예수님과
대화하는 것임을 깨달았습니다. 모락모락 피어나는
따스한 밥상 앞에서 예수님을 사랑하게 해달라는
아이의 기도가 얼마나 감사한지요.

기도의 대상이 누구인가요?

기도는 상대를 설득하기 위한 수단이 아닙니다.
상대방에게 자신의 욕구불만을 표현하기 위한
수단도 아닙니다.
기도는 상대를 향하는 것이 아니라
하나님과의 대화이며 그분을 향한 외침입니다.

일상에서 피어나는 기도

집에 찾아온 후배와 이야기를 나누다가 함께
기도하게 되었습니다. "이렇게 자연스럽게 기도하게
될 줄이야"라는 후배의 말에, 아내가 말합니다.
"나는 처음부터 기도할 줄 알고 있었어요." 연륜이
새어 나오는 아내의 농담에 함께 웃었습니다.

내가 받은 복음은 기도를 통해, 우리 각자를 통해
온 세상에 열매 맺으며 점점 자라납니다. 복음은
어리석어 보여서 단 한 사람을 변화시키기에도
부족해 보이지만, 제아무리 강력한 사람과 나라와
시대가 막아서서 방해하더라도 그 역동을 막을 길은
없습니다. 주일에 드리는 예배뿐 아니라 우리의
일상에서 피어나는 기도를 통해서도 열매 맺으며
자라납니다.

"이 복음은 온 세상에 전해진 것과 같이, 여러분에게
전해졌습니다. 여러분이 하나님의 은혜를 듣고서 참되게
깨달은 그날로부터, 여러분 가운데서와 같이 온 세상에서
열매를 맺으며 자라고 있습니다."(골 1:6, 새번역)

우리는 비록 차갑게 식어서 딱딱하게 굳은 마음을 가졌지만, 계절을 만드시고 성실하게 아침을 만들어 가시는 주님은 우리를 위한 계획을 가지고 이루어 가십니다.

주님의 계획과 성취를 기대하는 마음을 허락해 달라고 기도했습니다. 똑같은 하루의 연속이 아니라 어제와 전혀 다른 오늘 하루를 베푸실 주님을 기대하게 해달라고 기도했습니다. 그러기 위해 딱딱한 내 마음을 녹여 주시기를, 그래서 주님이 내 삶에 작은 일 하나씩을 이루시면 그것에 대해 크게 기뻐하고 환호하는 마음을 주시도록 기도했습니다.

아빠가 어떤 선물을 줄지 몰라서 아이들이 눈을 감고 손을 내밀며 기쁨과 기대를 감출 수 없는 우스운 표정을 짓는 것처럼, 다이소에서 천 원짜리 장난감을 사다가 내밀어도 크게 환호하고 기뻐하는 것처럼, 내 마음이 쉽게 판단하거나 딱딱하게 굳지 않고 주님 하시는 일에 기대하고 환호할 수 있었으면 좋겠습니다.

두려워서 아예 시작도 하지 못할 때

책임질 수 없을까 봐 시작하지 않는 경우가 많습니다. 기도하다 보면 감당하기 어려운 말씀을 주실까 봐 자신이 없어서 기도를 멈춘 적도 여러 번 있습니다. 책임질 수 있는 능력과 자격을 갖춘 뒤에 비밀의 문을 여는 게 좋겠다고 생각했었습니다.

하지만 '내가 책임질 수 있을 것인가, 말 것일까'는 두 번째 문제이고, 첫 번째는 하나님께서 뭐라고 말씀하시는지 듣는 것이 우선이라고 생각합니다. 순종하지 못할까 봐 듣지 않는 것과, 듣고 순종하지 않는 것은 큰 차이가 없습니다. 하지만 가능성과 방향성은 달라집니다.

여행을 할까 말까 고민하다가 집을 나서지 않으면 영원히 여행하지 못할지 모르지만, 좋든 싫든 짐을 꾸리고 집을 나서면 그때부터 여행은 시작됩니다. 그 순간부터는 마음 자체가 달라집니다. '책임질 수 있을까'를 고민하던 마음은 이제 '어떤 식으로 해결해 나갈까, 무엇을 준비하고 어떻게 시간을 조정해 나갈까'를 고민합니다. 책임질 자신이 없어서 듣지 않으려 했지만, 막상 이런저런 일을 시작하고 나면 신기하게도 마음이 달라집니다.

주님의 말씀 앞에 순종하지 못할까 봐 기도를 멈추지 말고, 먼저 주님이 내게 무엇을 말씀하시는지 물어보세요. 주님이 말씀하시면 마음뿐 아니라 책임질 수 있는 능력과 자격, 그 모든 것이 달라집니다.

그것을 회개해야 합니다

"무엇을 회개해야 하나요?"
회개를 이야기했을 때
후배가 내게 물었습니다.
우린 무엇을 회개해야 하는 것일까요?

무엇을 회개해야 할지 모르는
우리의 무지를 회개해야 합니다.
만일 내가 깨끗하다고 가정할지라도
그것으로는 충분하지 않습니다.

시대의 아픔과 절망을
마치 내가 지은 죄처럼 아파해야 합니다.
왜, 내가 그것을 짊어져야 할까요?

왜냐하면
죄 없으신 그리스도께서
나의 죄를 동일시하셨기 때문입니다.
내가 은혜받은 자이기에
나는 그것을 회개해야 합니다.

항상 우리 뜻대로 응답해 주신다면

"아빠, 몸속에 피가 없어지면 어떻게 되는 거예요?"
"그러면 사람이 죽겠지?"
"그래도 예수님이 사람을 다시 살릴 수 있잖아요."

"소명아, 물론 예수님이 사람을 살릴 수 있지만,
죽었다가 살렸다가 죽었다가 살렸다가 하면 세상은
뒤죽박죽 엉망이 되지 않을까? 속상하고 슬픈 일이
있을 때 우리는 마냥 기도만 하면 될까? 물론 기도도
해야 하지만 동시에 속상하고 슬픈 일을 통해 아픔을
이겨낼 힘도 길러야겠지. 기도할 때마다 하나님이
항상 우리 뜻대로 응답해 주시면, 우리는 기적만
기다리고 아무것도 하지 않은 채 평생 아이로만
살아가야 할지도 몰라."

기도하지 않아도 잘될 때

기도하지 않고, 회개하지 않는데도 아무 일도 없다면, 아무 문제없이 잘 살아간다면 우리는 우리가 잘나서 살아가는 것처럼 착각하며 살아갈 것입니다. 그리고 주님 앞에 섰을 때에야 비로소 우리가 무엇을 잘못했는지 알게 될 것입니다. 기도하지 않아서 생기는 아픔과 눈물, 그것을 통해 다시 주님께 무릎 꿇고 돌아갈 수 있는 것은 복입니다.

포도원지기가 포도원에 무화과나무를 한 그루 심었습니다. 충분한 시간을 기다렸지만 그 나무는 아무 열매도 맺지 않았습니다. 그래서 포도원 지기는 나무를 베어 버리기로 마음먹었습니다. 그러자 종이 이렇게 말했습니다. "한 해만 더 기다려 주세요. 그러면 둘레를 파고 거름도 주겠습니다. 열매를 맺도록 수고하겠습니다. 하지만 그래도 열매를 맺지 않으면 그때 베어 버리세요."(눅 13:6-9)

충분한 시간을 두고 열매 맺기를 기다렸지만 아무 열매도 맺지 않았기에 베어 버리는 것이 마땅합니다. 하지만 열매를 맺을 수 있도록 시간과 수고를 더합니다. 마지막 기회는 있습니다. 그래도 열매 맺지 않으면 심판을 피할 수 없습니다.

"너희도 만일 회개하지 아니하면
다 이와 같이 망하리라"(눅 13:5)

나를 만져 주세요

알지 못하는
아픔과 슬픔에
주님의 성령의 손이 닿아서
나의 연약함들이
강건하여지고
높아진 것들이
평평해지기를 원합니다.

예전만큼 기도를 잘 들어주지 않으시네요

처음 예수님을 믿은 청년이, 정말 가볍지만, 잊지 않고 기도를 해보았다고 합니다. 밤마다 대화하며 도장을 찍듯이 "예수님의 이름으로 기도드렸습니다. 아멘"이라고 기도드렸다고 합니다. 난생 처음 기도드렸는데 기도에 응답해 주셔서 적잖게 놀랐다고 합니다.

처음 예수님을 믿고 기도하게 되면, 그 기도 내용에 큰 문제가 없는 한도 내에서 기도가 잘 응답되는 것 같습니다. 만약 대기업의 회장이 삼촌이라면 우리는 당장 어깨가 으쓱해질 것입니다. 하물며, 하나님이 정말 내 아버지시라면 어떤 기분일까요?

그런데, 질문을 바꿔서 아버지와 아들의 관계가 만들어지기를 더 원하는 쪽은 과연 어디일까요? 손익관계로 따지자면 물론 우리가 더 간절히 원해야겠지만, 놀랍게도 하나님 아버지께서 그것을 더 원하십니다. 그것을 위해 치르신 대가가 바로 십자가이기도 합니다.

"사랑은 여기 있으니 우리가 하나님을 사랑한 것이 아니요
하나님이 우리를 사랑하사 우리 죄를 속하기 위하여
화목제물로 그 아들을 보내셨음이라"(요일 4:10)

여기서 기도의 응답이 잘 되는 이유를 찾을 수
있습니다. 처음 주님을 믿게 되면 하나님께서는
우리와 관계하기를 기뻐하신다는 것을 여러 형태로
나타내십니다. 그러나 점차 관계를 가지고 하나님과
사귀어 갈수록 처음처럼 기도 응답이 잘 되지 않는
것같이 느껴집니다.

그것은 하나님께서 우리와 기계적인 사귐을 갖기
원하시지 않기 때문입니다. 하나님은 기도의 코인을
집어넣기만 하면 내가 원하는 결과물을 얻어낼 수
있는 자판기 같은 분이 아닙니다. 우리가 예수님을
믿는다는 것은 그분이 우리의 구세주이시며 우리의
주님, 말 그대로 주인님이심을 믿는 것입니다.

기도 응답이 잘 되지 않는다고 느낄 때에도, 여전히
하나님에 대해 묻고 또 물으며 기도를 이어가 보세요.
그러면 주님은 그분이 생각하시기에 옳은 방법으로
우리를 인도해 주실 것입니다.

보이는 세상, 보이지 않는 믿음으로 걷고 싶습니다

Part.5

오늘을 제대로 걷고 있는지
알 수 있는 사람은 많지 않습니다.
왜냐하면 모두가
시간 위에서 살아가고 있기 때문입니다.

다만 조금이라도 시간이 흐른 후에
되돌아보면 웃을 수도 있고,
하나님이 하신 일들을 알 수 있습니다.
시간의 주인이신 주님은
시간이 흐른 후에야 희미하게 느낄 수 있습니다.

보이는 세상,
보이지 않는 믿음으로 걷고 싶습니다.
주님 인도해 주세요.

연약해서 하나님을 찾습니다

강한 것 같아 보이지만
내 마음을 내가 가장 잘 압니다.
하루에도 몇 번씩 마음을 다잡곤 합니다.
"주님, 제가 원한 게 아니잖아요.
너무 버거워요. 그만두고 싶어요."
무너진 마음을 손에 담아 주님께 가져갑니다.
이 마음은 주님이 꼭 받아 주실 거라
믿기 때문입니다.

"내가 아닌 내가 되게 해주세요"라고
기도하지 않겠습니다.
나를 이렇게 지으셨다면
아픈 마음들을 올려다 드릴 때마다
주님을 만나게 될 테니까….
강한 사람, 부족함 없는 사람으로
주님 없이 사는 것보다
지금의 연약한 모습이
더 자주 주님을 찾게 될 테니까….

나를 더 잘 아시는 분

오늘 믿음으로 살아가지 못하는 이유는 예수님을 믿으면 내 삶을 살지 못할 것 같아 두렵기 때문입니다. 주님을 가까이하게 되면 인생의 좋은 때가 사라져 버릴 것 같기 때문입니다.

신앙을 가지고 열심히 살아가면 당장 선교지로 떠나야 한다거나, 알지 못하는 사람에게 다가가야 한다거나, 내 성격과 상반된 행동을 해야 한다거나, 나와 어울리지 않는 하루를 살아가야 할 것 같기 때문입니다.

그래서 차라리 주님이 간섭하지 않을 만큼의 거리를 유지해야만 내 인생의 자유로움을 보존할 수 있을 거라 믿습니다. 하지만 주님을 사랑하면 알게 됩니다. 내가 나를 아는 것보다 나를 더 잘 아시는 분이 계시다는 것을 알게 됩니다. 내가 꿈꾼 인생보다 더 아름다운 꿈을 나를 향해 품고 계신 분이 계시다는 것을 알게 됩니다.

할 수 없는 것투성인데

할 수 있는 것보다
할 수 없는 게 더 많을 때
우리는 하나님을 바라보게 됩니다.
그때 보이지 않는 영역,
내 마음의 체력이 길러집니다.

할 수 없는 것투성인데
가난한 내 마음,
애통한 내 마음을 향해
복이 있다고 말씀하십니다.

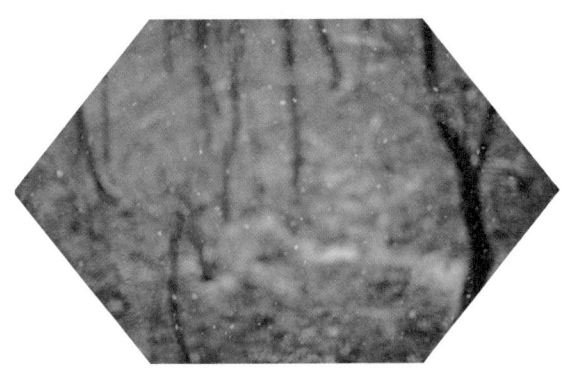

기적이 아니라 주님을 구합니다

우리를 비추는 주님의 은혜가 날마다 필요합니다. 그래서 오늘도 기도합니다. 하지만 그 은혜가 보이지 않는 때가 더 많아 보입니다. "하나님 주무시나요? 일어나세요. 깨어나 기적을 베풀어 주세요."

죽은 나사로가 살아났습니다. 성경은 예수님뿐 아니라 살아난 나사로를 보고 많은 이들이 예수님을 믿었다고 말합니다. 그렇다면 예수님이 나사로뿐 아니라 무덤 속의 많은 이들을 살리셨다면 어땠을까요?

예수님이 걸으실 때마다 땅이 진동했다면 더 많은 사람들이 예수님을 믿지 않았을까요? 핍박하던 바리새인과 대제사장까지도 기적에 압도되어 잠잠히 예수님을 믿도록 할 수 있지 않았을까요?

믿음이란 무엇일까요? 기적에 압도되어 믿는 믿음이 과연 믿음일까요? 오병이어를 먹었던 무리들, 그렇게 믿었던 사람들은 정작 예수님이 십자가에 달리시던 날 모두 어디에서 무엇을 했던가요?

날마다 기적을 경험하면, 기적을 경험하지 않는 날은 살 수가 없습니다. 하나님의 은혜가 보이지 않는 것 같은 시간 동안, 주님은 보이지 않는 영적 근육을 만드십니다. 하나님의 아들조차 고난을 통해 인내를 배웠습니다.

주님, 오늘도 주님을 가르쳐 주세요.
주님을 더욱 알고 싶어요.
기적이 아니라, 주님을 구합니다.

믿음의 테트리스

믿음 생활에서 '더하기' 만큼 중요한 게 '빼기'입니다.

요즘 우리는 신앙 생활을 위해서 성경도 읽어야 하고, 기도도 해야 하고, 신앙 서적도 봐야 하고, 거룩한 교제와 모임들도 가져야 합니다. 하지만 현대 사회는 이미 너무 많은 것으로 가득 차 있기에, 한계를 가진 우리 몸이 그 모든 것을 버텨 주기는 쉽지 않습니다. 그러다 보니 과부하가 걸려서 열심이 있는 사람만 믿음을 가질 수 있다는 생각이 듭니다.

더하기에도 분별이 필요한 것처럼 빼기에도 분별이 필요합니다. 나의 하루를 가득 채우고 있는 시간을 평면도에 내려놓습니다. 그리고 꼭 해야 하는 것들이 아닌 것들을 하나씩 빼고 나면 그 자리에 빈자리가 생깁니다.

그 자리에 거룩한 습관 하나를 올려놓습니다.
영적 체력이 만들어지기까지, 마치 믿음의 테트리스 놀이를 하듯, 믿음의 블록 쌓기를 하듯….

우리를 뒤흔드는 작은 생각 하나

믿음의 걸음을 걸을 때 가끔 회의감이 생기는 경우가 있지 않은가요? 나만 빼고 다른 사람들은 다 잘 살아가는 것 같은데 나만 소비되거나 허비되고 있는 것은 아닌가요?

하나님이 없다거나 하나님을 믿어도 소용없다는 종류의 생각이 아니라, 남들처럼 조금 더 합리적으로 주님을 믿고 싶어서 폼나게 사는 사람들을 떠올리며 그들의 믿음을 따라 보려 합니다.

어처구니없게도 우리 삶을 잡아 끄는 건 대단한 방해공작이 아니라 작은 생각 하나입니다. 작은 생각 하나가 우리 삶을 뒤흔들어 놓습니다.

멋있어 보이는 누군가의 믿음을 따라 사는 걸음이 아니라 폼나지 않아도, 작고 하찮아 보여도, 나를 향한 주님의 목소리를 따라 사는 걸음이면 되지 않을까요?

세상보다 큰 이

위기 가운데 서 있는 당신의 사람들에게
주님은 두려워하지 말라고 말씀하십니다.

두려워하는 아브라함에게도,
두려워하는 여호수아에게도,
두려워하는 에스겔에게도,
사가랴에게도, 마리아에게도, 바울에게도….

그런데 이 말은 두려워하지 않을 상황이니
두려워하지 말라는 말이 아닙니다.
가시밭길을 걷고, 전갈 가운데 있더라도
그럼에도 두려워하지 말라는 말입니다.

그렇다면 두려움은 사실의 영역이 아니라
믿음과 순종의 영역에 속해 있는 말입니다.

오늘도, 위기 가운데 서 있는 당신의 사람들에게
주님은 동일하게 말씀하시겠지요.
"두려워하지 말렴. 내가 세상보다 큰 이란다."

어떤 인생이 성공한 인생인가요?

인생이 짧다기보다는 하루가 짧습니다.
하고 싶은 일이 없다기보다는
하고 싶은 일은 많지만 그러려면
꼭 해야 하는 일을 미루어야 합니다.

하루의 균형은 어떻게 만들어 갈 수 있을까요?
인생의 성공은 어떤 기준이어야 할까요?

기울어지지 않으려
인생길 가운데 줄을 그어서
팔 벌려서 조심조심 걸어야
그게 잘 사는 인생일까요?

그저, 오답을 정답이라 믿지 않고
정답을 정답이라 믿고
시행착오도 내 인생의 자양분임을 믿고
남의 인생이 아니라
나의 인생을 살아가겠습니다.

천국에 가고 싶은 이유

"왜 천국을 가고 싶어? 천국에 가면 뭐가 좋을까?" 아이에게 물었습니다. 온갖 반짝이는 보석 때문일 거라는 예측이 완전히 빗나갔습니다.

"응. 나는 거룩한 성에 들어갈 거야. 그래서 예수님을 꼬옥 안아 줄 거야. 예수님 품에 안겨 보고 싶어. 그러고 난 뒤에 성경에 나오는 인물들을 한 명 한 명 만나 보고 싶어." 천국에서 예수님 품에 안겨 보고 싶다고 합니다. 그리고 거기서 자기가 보고 싶어 하던 요셉도, 다윗도 만나 보고 싶다고 합니다.

보석은 그저 천국의 장식일 뿐입니다. 그 거룩한 성의 주인공은 우리 주님입니다. 나도 주님을 안고, 그분의 품에 안기고 싶습니다.

주 안에서 안전합니다

주님의 날개 그늘 아래가 과연 평안을 누릴 만한 곳인지, 정말 안전해 보이는 곳인지 모르겠습니다.

다윗은 사울 왕을 피해 굴에 숨어 지내는 동안 시편 57편으로 만든 찬양을 불렀습니다. 이 찬양을 불렀을 때는, 안전한 요새에 숨어 있을 때가 아니었습니다. 불을 밝힐 만한 것도 없고 마주하는 몸을 움직이기도 힘든 좁은 굴에 있을 때였습니다.

"내가 주님의 날개 그늘 아래에서
이 재앙들이 지나기까지 피하리이다"(시 57:1)

주님의 날개 그늘 아래 거한다는 말은, 말 그대로 어미가 새끼를 자신의 권위로 보호한다는, 그 안에서 평안과 안식을 누린다는 의미로 생각해 볼 수 있습니다.

눈에 보이지 않는 주님의 권위를 인정하는 것, 그리고 주님의 약속을 믿는 것, 내 눈앞에 있는 수많은 장애물에도 불구하고 눈에 보이지 않는 영역에서

주님의 보호하심이 공기처럼 나를 두르고 있다는
것을 고백하는 것….

그래서 주님의 날개 그늘 아래 거한다는 말은,
보이지 않는 주님의 보호를 믿고 그분의 품 안에서
안식한다는 의미입니다.

눈을 감고 믿음의 세계를 상상합니다

아이들에게 성경 암송을 시키거나 말씀을 알려 주어야 할 이유에 대해 누군가 내게 물었습니다. 물론 아이들은 아직 말씀의 면면을 다 이해하지 못할 것입니다. 하지만 그 시간들은 아이들이 자라난 후에 세상의 가치관을 그냥 받아들이지 않고, 세상의 가치와 하나님의 나라의 가치가 부딪히는 근거를 알도록 이끌어 주리라 생각합니다. 아무 질문 없이 살아가는 것이 아니라, 부딪힘 없이 수용하는 것이 아니라, 끊임없이 부딪힐 근거가 있어서 믿음이 무엇인지 주님 앞에 의문하고, 기도하며 답을 찾게 되었으면 좋겠습니다.

"어린아이들과 젖먹이들의 입으로 찬양하게 하셨으니 주께서 대적들과 원수들과 보복하는 사람들을 잠잠하게 하시려는 것입니다."(시 8:2, 우리말성경)

그리고 이 일에 효율이나 명확한 유용을 따져 묻지 않으려 합니다. 어쩌면 이 단순하게 반복되는 일상은 지금도 주님의 영광이 젖먹이와 어린아이들의 입술을 통해 온 우주에 선포되는 시간은 아닐까요. 눈을 감고 믿음의 세계를 상상합니다.

과연 우리가 탄 배는

"우리 안전하겠지?"
"우리가 탄 배는 과연 목적지에 가닿을까?"

"잘 봐. 잘 가고 있잖아."
"물에 가라앉지 않잖아."

배를 탔다고,
물에 가라앉지 않는다고,
지금 괜찮다고
인생의 끝에, 가야 할 곳에
우리를 실어다 주지는 못합니다.

물 위에 떠서 잠깐 웃기 위해 탄 배가 있고
거친 파도와 싸우고
망망대해에서 믿음의 실험을 하며
인생의 항해를 할 수 있는 배가 있습니다.

흔들릴 때마다, 연약할 때마다

결혼을 하지 않고 혼자 사는 것이 힘들지 않았습니다. 하나님께서 아버지가 되어 주셨기에 혼자 지내는 삶도 매우 즐겁고 감사했습니다. 하지만 결혼은 두려웠습니다.

"하나님, 제가 결혼을 해서 아이를 낳고, 가장이 되면 아내와 아이의 배고픔은 나 몰라라 할 수 없잖아요. 가진 것이 없더라도 하나님만 바라보며 살고 싶은데…." 무언가 준비가 되기 전에 사람을 만나고 결혼을 한다는 것이 사치처럼 느껴졌습니다. 안정적인 직장을 가진 후에라야 결혼을 할 수 있는 게 아닐까 싶었습니다. 사랑하는 사람을 책임지지 못할까 봐 두려웠습니다.

어느 날 하나님은 이 고민에 대해 아주 간단하게 답을 주셨습니다. "네 삶이 지치지 않는 것은 내가 너의 아버지가 되기 때문이라고 그랬지? 네가 결혼을 했을 때 나는 네 개인의 아버지에서 네 가정의 아버지가 된단다."

이 간단한 진실 앞에 두려움이 떠나갔습니다. 주님이 내 가정의 아버지가 되어 주신다는 것, 그 믿음이 나를 얼마나 자유롭게 해주었는지 모릅니다. 주님 한 분으로 충분하다고 고백하던 그 믿음은, 가정을 이루고 나서도 동일한 고백이 되어 갑니다.

수없이 흔들리는 연약함이 감사합니다. 흔들릴 때마다, 연약할 때마다 내가 어떤 존재인지를 알게 됩니다. 그때마다 손 내미시는 주님을 만납니다. 그분은 그저 관념적인 어떤 분이 아니라 구체적이고 실제적이신 분이십니다. 침묵하셔도 침묵이 아닌 그 사랑 앞에 노래합니다.

과연 사람이 바뀔 수 있을까요?

'과연 나는 변할 수 있는가?'
이 질문을 한참 동안 생각했습니다. 은혜를 받았고,
하나님을 알아 가고 또 사랑한다고 고백했지만 늘
제자리를 맴도는 것 같았습니다. 그래서 이 질문을
오랜 시간 던졌습니다.

내가 변할 수 있을지에 대한 확신이 없어서 사람은
과연 변할 수 있을까 의문했습니다. 내 의지는 매번
처절하게 무너졌고 그때마다 실망하며 주님을
부르짖었습니다. 그런데 주님을 찾고 찾고 또 찾으며
알게 되었습니다. 변화는 내 의지로 시작되는 것이
아니라 내 안에 계신 주님을 바라보는 것으로
시작된다는 것을….

우리 안에 누가 계시나요? 그분이 우리를
바꾸십니다. 그분이 우리 안에 충만하게 거하실 때
누추한 내 마음은 거룩한 장소로 바뀝니다.

아직은 내 방식대로 살고 싶습니다

주님이 보이지 않으면 물에 빠진 것처럼 허우적거리며 팔을 내젓습니다. 하지만 깊은 물에 빠져 있다면, 살려고 바둥거리는 대신 힘이 정말 다 빠져야 누군가 나를 살려 낼 수 있습니다.

"죽을 것 같습니다"라고 이야기하지만 아직 나는 잘 살아 있습니다. 그래서 주님 앞에 배짱도 부려 보는 것 같습니다. 여전히 허우적거리고 팔을 내젓고 소리치고 배짱도 부려 보지만 나는 나를 믿지 못합니다. 정말 주님이 원하시는 길을 걸어갈 수 있을지 도무지 나를 믿지 못합니다. 우리는 "주님을 믿습니다"라고 말하면서도 주님을 믿지 못하는 시간이 너무 많습니다.

베드로처럼 주님 가는 길 이곳저곳에 함께할 거라 말하지만, 실체를 마주 대하게 되면, 여종 앞에서 주님을 부인하게 되면, 도망치게 되면 우리는 아무 말도 하지 못한 채 그저 이렇게 말할 뿐입니다. "내가 주님을 사랑하는 줄 주님께서 아십니다."

성경을 좀 읽어야겠습니다

인생의 문제 앞에서 주님은 답을 주신다고 합니다.
성경을 읽으면 성경 속에서 만나는 말씀이나, 만나는
인물들을 통해 우리가 어떻게 살아야 할지 무엇을
선택해야 할지 말씀해 주신다고 합니다. 그래서
답답한 심정이어도 성경을 읽으려고 합니다.

하지만 인생의 문제가 있을 때만 성경을 가까이하게
되면, 낯선 성경에 적응하는 것만으로 버거울 때가
있습니다. 이 말씀이 누구를 향한 말씀인지, 어느
배경의, 어떤 갈등 속에 있는 말씀인지 그때부터
알아 가야 하는데 그러기에 인생의 문제는 너무나
다급합니다.

그래서 답을 주지 않는 성경이라 취급할 때가
많습니다. 그리고 인생의 문제를 주님께 묻는 것은
너무 한가로운 소리라고 치부합니다. 하지만 성경이
우리 인생에 답을 주지 않는 것이 아니라 우리가
성경에 무지한, 주님과의 관계에 너무 소홀한 탓은
아닐까 돌아보게 됩니다.

나와 다른 그대

"이해하지 못하겠어."
하지만 이해하지 못하는 상황을 만나면서 우리는 이해의 폭을 넓혀 나갑니다.

내가 이해하는 사람들과 세계는 좁디좁은 세계입니다. 가장 간단한 성격 유형 검사도 16가지 종류의 사람들로 구분됩니다. 내가 다 안다고 믿는 순간, 그들의 이면을 들여다보지 못한 채 내 세계가 전부라고 믿는 실수를 범하게 됩니다.

하나님이 만든 세계는 우리가 만나는 세계와는 비교할 수 없을 만큼 커서 다 이해할 수 없습니다. 주님, 가르쳐 주세요. 이해할 수 없는 세계 속에서 내가 다 안다고 생각하지 않겠습니다.

그 한 줄이 내 마음에 내려오면

'하나님이 나와 함께하십니다.'
이 한 줄의 문장이
내 마음에 내려오면
두려워 떨던 나는
비로소 다시 숨 쉴 수 있게 됩니다.

나를 위한 용서

"나는 당신을 용서합니다."
마음에 말해 보세요.
입술을 열어 말해 보세요.

용서한다는 말은
당장 관계를 맺으라는 말과 같지 않아요.
사람 앞에서 말하지 않아도 괜찮아요.
혼자 있는 공간 속에서 말해 보세요.
"나는 당신을 용서합니다."

내 안에 있는 분노와 아픔들이
마음 안에서 곪지 않도록,
묶이지 않도록 말해 보세요.
용서는 상대를 위한 것이기 전에
나를 위한 것이에요.

"주님, 내가 심판주가 아니기에
심판은 주님께 맡겨 드립니다.
이제 주님께 내 마음과 형편과
시간과 관계를 올려 드립니다."

아직 내 마음에 아픔과 분노가 있습니다.
분명 시간이 필요하겠지요.

하지만 용서하는 마음이 들 때까지
이 말을 미루고 미루는 것이 아니라
주님이 주시는 마음에 결단하고 순종하겠습니다.
내 마음은 악한 자의 것이 아니라
주님의 것이기 때문입니다.
나는 주님의 것입니다.

기적 중에 기적

기적을 만나면 놀라워하며 손을 들고 환호합니다. 말 그대로 기적이기 때문입니다. 우리는 자신의 상식이나 기준, 경험을 벗어나면 우리의 이해 수준을 넘어서기에 기적이라 부릅니다.

우리 눈에는 기적이지만 하나님께는 기적이 아닙니다. 하나님이 어떤 분이신지 잠시만 묵상해도 당연한 말입니다. 반면에 정말 놀라워해야 할 일은 당연하게 생각합니다. 생명이 만들어지고 생명이 자라나는 것, 해가 뜨고 해가 지는 모든 순간, 우리 심장이 뛰고 사랑하는 모든 순간이 기적입니다. 사실 가장 믿기 힘든 기적은 창조주가 피조 세계에 가장 낮고 작은 존재로 찾아오신 사건입니다.

'하나님이 계시다면 내 인생은 왜 이 모양입니까?'라고 항변하지만 그분의 마음 한 조각이라도 알게 된다면 우리는 숨 쉴 수 없을 만큼 통곡해야 할지도 모르겠습니다. 아니면 손을 내리지 못한 채 생명을 다할 때까지 환호할지도 모릅니다. 기적 중에 이런 기적이 없기 때문입니다.

하나님이 안 계신 것처럼 느껴질 때

"주님이 나를 버리신 것 같아요."
"주님이 나를 미워하시는 것 같아요."
"주님은 나를 위한 계획이 없으신 것 같아요."

앞이 보이지 않아서 아무것도 할 수 없다고 말합니다.
정말로 주님이 그들을 내버리셨다면 무엇으로
위로할 수 있을까요? 하지만 하나님은 말씀하십니다.

"비록 그들이 원수들의 땅에 머물고 있을 때라도,
나는 그들을 버리지 않을 것이다. 그들의 원수의 땅에서도
그들의 말에 귀를 기울일 것이다. 그들을 완전히
멸망시키지 않을 것이다. 그들과 맺은 내 언약을 어기지
않을 것이다. 그것은 나는 그들의 여호와 하나님이기
때문이다."(레 26:44, 쉬운성경)

내 감정과, 내 머릿속 생각을 믿는 대신 주님의
성품과 말씀을 믿겠습니다.

무엇이 두려움을 밀어낼까요

두려움은 두려움보다 큰 것에 밀려난다고 자주 이야기하는 편입니다. 이 말은 사실입니다. 하나님은 두려움보다 크신 존재입니다. 두려움은 주님 앞에 비교할 수 없을 만큼 작습니다.

하지만 하나님이 크신 분이라는 사실 자체만으로 두려움을 밀어내지 못합니다. 하나님이 내 아버지가 아니라 옆집 아저씨 같은 존재라면 그가 얼마나 크고 대단한 권위를 가졌건 그것은 나와 상관없는 일이기 때문입니다.

하나님은 내게 누구신가요? 관계의 문제입니다. 두려움이나 문제적 상황은 그 이후의 문제입니다. 지금 우선해야 할 질문은 '지금 나는 주님과 어떤 관계를 맺고 있는가'입니다.

아주 작은 순종으로

사랑의 시작은 늘 작고 작았습니다. 누군가를 좋아하게 된 시작점도 상대가 크고 대단한 스펙이나 능력을 가져서가 아니라, 아주 작은 인연과 사소한 만남과 언어와 시간이 만나서 생겨나는 것 같습니다. 그러면서 우리는 사랑에 빠집니다.

하나님은 처음부터 우리에게 크고 대단한 것을 요구하시지 않습니다. 아주 작고 소소한 말씀과 부르심…. 충분히 순종할 수 있는, 우리 스스로가 무의미하다고 생각해서 간과하고 있는 것들입니다. 내가 순종할 수 있는 아주 작은 그것으로 사랑은 시작됩니다.

나만 사랑하라는 말

"나만 바라봐라."
이 말은 너무나 편협하고
배타적인 사랑 같아 보입니다.

하지만 하나님과 사귀어 보면
비로소 알게 됩니다.

하나님을 바라본다는 것,
하나님을 사랑한다는 것은
하나님이 사랑하라고 말씀하신 모두를
사랑하는 것과 같습니다.

주어만 바꾸면

내가 만나는 사람들,
내가 선택하는 순간들,
나의 성공과 실패…

인생의 수많은 사건들 앞에 있는 주어를
잠시 바꾸어 생각해 봅니다.

주님이 만나게 하신 사람들,
주님이 기뻐하시는 선택들,
성공과 실패를 통해 이루실 주님의 뜻과 계획…

똑같은 상황 속에서
주님을 주어의 자리에 놓겠습니다.
그리고 나는 주님이 주인인 것처럼 반응하겠습니다.

기다리십니다, 내 마음의 문 앞에서

사람은 감정의 동물이라고 말합니다. 그래서 많은 경우 옳은 것을 택하기보다는 감정에 좋은 것을 택하곤 합니다. 그러다 보니 감정이 상하면 주님이 내게 찾아와도 어쩌지 못합니다.

신기하지 않나요? 온 세상의 주인이신 주님이 찾아오시면 나를 어떻게든 하실 수 있을 텐데, 내 마음쯤 얼마든지 바꾸실 수 있는 분이신데, 그분은 내 마음 앞에 서서 기다리십니다.

그래서, 감정을 따라 믿지 않으려 하는 편입니다. 감정을 따라 믿게 되면 내 감정의 변화에 따라 주님은 왕이 되었다가 때로는 손님이 되어야 하니까요.

그것이 우리의 실체입니다

우리는 "예수님, 사랑해요"라고 눈물 흘리며 고백하고는 진심으로 주님께 손을 들어 찬양하기도 하고, 여러 봉사에 우리의 시간과 헌신을 쏟아 붓기도 합니다.

하지만 말 한마디나 불편한 상황으로 인해 마음이 틀어지면 우리는 주님을 우리 삶의 구석으로 내몹니다. 기도하면, 주님을 생각하면 내 감정을 쏟아 붓지 못해서 내 마음이 곪아질 거라 생각하는지 마치 주님이 이 상황에 계시지 않는 것처럼 주님을 구석으로 내몹니다.

그때 우리가 찬양할 때 올려 드린 손은 사랑이었고 우리가 헌신했던 시간들은 진심이었기에, 이렇게 무너질 때마다 '나는 누구인가'를 의문하게 됩니다. 과연 주님께 드린 내 진심은 무엇이었는가? 내 안에 괴물이 살고 있는 것은 아닌가?

하지만 그것이 우리의 실체입니다. 주님께 진심을 다하기도 하고, 천사의 모습으로 누군가에게 내 시간과 몸을 다 내놓기도 하지만 누군가의 작은 말 한마디 때문에, 어질러진 방구석에 산더미같이 쌓인 빨래 바구니 때문에 주님을 구석으로 내몰거나 외면할 수 있는 것이 우리의 실체입니다.

그래서 기도합니다. 주님, 오늘도 나를 구원해 주세요. 어려운 상황에서 주님의 이름을 부르게 해주세요. 나는 주님의 은혜가 아니면 살 수 없는 존재입니다.

두렵지만 용기가 생겨요

소명이는 병원에서 주사를 맞거나 치과진료 받는 것을 두려워하지 않는 편인데 온유는 항상 병원 문을 들어설 때부터 지레 겁을 먹습니다. 오늘은 온유의 치과진료가 있는 날입니다. 단순 검진이 아니라 신경치료와 함께 발치까지 해야 하는 공포의 날. 그런데 평소와 다르게 온유가 진료를 잘 받는 것을 보고 아내가 대견해 하며 인터뷰를 진행했습니다.

"온유 어린이, 오늘 이렇게 용기 있는 이유는 도대체 무엇인가요?" 엄마가 생각하는 온유의 예상 답변은 집에서 발치를 했던 몇 번의 공포스러운 경험이 있어서 엄마보다 차라리 치과가 낫다는 대답입니다.

"예수님이 나와 함께한다는 걸 믿으면 두렵지만 용기가 생겨요." 온유의 진지한 답변을 전해 듣고 내 마음도 같은 고백을 하게 됩니다. 며칠 동안 내 마음에는 두려움이 있었습니다. 바쁜 일상을 보내다가 어느 순간엔가 마음의 감각이 무뎌지는 것을 느꼈기 때문입니다. 무감각한 마음은 더욱 경화되어 갈 위험이 다분하기 때문입니다.

내 마음이 굳어지지 않기 위해서 가장 필요한 것은 무엇일까요? "예수님이 지금 나와 함께하십니다." 바로 이 고백이라 믿습니다.

내 마음에 아무것도 느껴지지 않는 그때조차도 하나님은 나와 온 땅을 통치하십니다.
"주님, 이 시간조차 주님의 주권 가운데 있습니다."

여전히 두려움에 맞닥뜨릴 때가 많습니다

청소년 시절에 수련회 가서 기도를 하다 보면 나만 빼고 다 은혜받는 것 같았습니다. 그런 일이 매년 반복되고, 나이를 먹게 되면서 주님을 사랑하게 되었습니다. 기다림이 클수록 사랑은 깊어지는 것 같습니다.

주님을 사랑하게 되면 우리 마음에 주님이 말씀하십니다. 하지만 그 말씀에 순종하기란 쉽지 않습니다. 세상은 힘의 논리를 따라 흘러가는 것처럼 보이기 때문입니다. 남들을 따라 살아갈 수는 있지만 말씀을 따라 순종하게 되면 살아갈 수 없을 것 같은 두려움이 생깁니다. 그 두려움 앞에서 과연 인생의 목적은 무엇인가를 고민했습니다. 행복한 인생, 그 자체는 목적일 수 없습니다. 하나님을 배제한다 하더라도 인생은 그렇게 말랑한 것이 아니기 때문입니다.

질문과 두려움 앞에서 하나님은 우리에게 약속하십니다. 약속은 성취를 전제하고 있는 말입니다. 약속 위에 우리 인생을 하나, 둘 올려놓으면 주님을 만날 수 있습니다. 물론, 하나님을 믿는다고 하더라도 여전히 두려움과 맞닥뜨릴 때가 많습니다. 그때마다 주님은 당신의 약속을 하나, 둘 말씀하십니다. "너를 돌보는 것은 너 자신이 아니라 내가 되어야 해. 네가 먼저 구해야 할 것은 나의 나라란다."(눅 12:31)

지금 어디인가요?

옆을 보면 모두가 나를 지나쳐 살아가는 것 같습니다.
하지만 주변과 비교하지 않고, 나를 압도하는 세상의
물결이 아니라 주님의 마음을 들여다보면 그제야
안심하게 됩니다.

예수님이 걸었던 시간을 봅니다. 많은 무리 속에
계셨지만 무리를 떠나 기도하시고, 무리를 떠나
반드시 만나야 할 사람을 만나셨습니다.

매일 나는 살펴야 합니다. 모두가 나를 지나쳐도
여전히 내 곁에 계시는 분, 그분의 마음이 흐르는
곳은 지금 어디인가요?

아무도 나를 모른다 해도

그리스도인의 정체성은 얼마나 사랑을 받느냐가 아니라 얼마나 사랑을 베푸느냐에 있습니다. 그래서 오늘 우리가 만나는 사람은 우리가 사랑해 줄 사람이기도 합니다.

그리스도인의 정체성은 우리가 받은 사랑을 기초로 합니다. 나는 어떤 사랑을 받았나요? 내 친구들도, 동역자도, 함께하는 이들도, 심지어 내 가족도 나를 모른다 할지라도 그때도 주님은 나를 사랑하십니다.

"아브라함은 우리를 모르고,
이스라엘은 우리를 인정하지 않는다 하여도,
오직 주 하나님은 우리의 아버지이십니다."(사 63:16, 새번역)

나는 어떤 사랑을 받았나요? 우리가 받은 넘치는 사랑이 우리의 걸음을 만들어 갑니다.

저는 잘 걸어가고 있나요

늦은 밤인데도 빗소리가 그칠 줄을 모릅니다. 조금 전까지 카페에서 청년 몇 명을 만나 이야기를 나누었습니다. 주님께 질문하고, 답을 얻는 연습을 하며 살아가기 시작한 지 5개월째라고 합니다.

한 청년은 어머니의 유전으로 태어날 때부터 한 번도 냄새를 맡지 못했습니다. 혼자서 여행사를 운영하며 관광객들을 가이드하던 어느 날, 처음으로 길에서 담배 냄새를 맡았다고 합니다. 이런저런 이야기를 하며 함께 카페에 앉아서 커피 향을 맡았습니다.

"원래는 커피를 맛으로만 즐겼어요." 자신이 좋아하던 커피를 이제는 향으로 느끼기 시작하면서 커피 맛이 더욱 풍성해졌다고 합니다. 여행을 참 좋아하는 그 청년은 자신이 걸어온 길을 다시 한 번 걷고 싶다 합니다. 커피 맛이 풍요로워진 것처럼 청년의 인생도 얼마나 풍요로워졌는지 모릅니다.

저는 색약을 가지고 있어서 내가 보는 색이 온전하지 못하다는 생각 때문인지, 여러 사안에 대해 항상 유보적인 입장을 갖는 편이었습니다. 만일 내가 보지 못하는 색들을 보게 된다면 나는 어떤 자세로 바뀌게 될까요? 이런 물리적인 결핍뿐 아니라, 주님을 향한 시선의 굴절이 교정된다면 내 삶은 또 얼마나 풍요로워질까요?

"형제를 미워하는 사람은 어둠 가운데 있는 사람이며, 어둠 속에 살면서 자신이 어디를 향해 가고 있는지를 알지 못하는 사람입니다. 그것은 어둠이 그를 눈멀게 만들었기 때문입니다."(요일 2:11, 쉬운성경)

성경은 길을 걷는 것과 누군가를 용서하는 것을 연결 지어 말하고 있습니다. 형제를 미워하는 사람은 우리가 인지하지 못하는 세계의 비밀한 축을 작동시켜 어둠이 그의 눈을 멀게 만듭니다. 하지만 본인은 자신이 제대로 보지 못한다는 사실을 알지 못합니다. 앞을 보지 못하는 자는 제대로 걸을 수 없습니다.

어떻게 걸어갈 것인가? 잘 걸어가고 있는 것인가? 이 주제는 누구에게나 중요합니다. 그런데 성경은 이 중요한 주제를 미움과 연결 지어 말하고 있습니다.

누군가를 미워하는 사람은 자신이 어디를 향해
가는지 알지 못하는 사람일 수 있습니다. 왜냐하면
눈먼 사람이 되고 말기 때문입니다.

마음을 혼미하게 만들고, 나를 취하게 만드는
세상에서 더욱 주님의 인도하심을 구합니다.
"지금 저는 잘 걸어가고 있나요?" 청년이 주님께
묻기를 연습한 것처럼 장맛비 내리는 늦은 밤, 주님께
묻습니다.

모든 것이 주어져도

하나님이 계신 것을 아는데도 우리는 왜 하나님이 안 계시는 것처럼 살아가는 걸까요? 만일 아직 하나님을 알지 못하는 사람이라면, 하나님을 믿고 나면 믿음의 걸음을 걸을 수 있을까요?

우리는 자주 기도합니다. "주님이 살아계신 것을 보여 주세요. 주님의 마음을 보여 주세요." 하지만 주님이 당신을 드러내시고 그분의 마음을 보이셨을 때, 우리는 과연 그분의 마음을 따라 순종할 수 있을까요?

모든 것이 주어져도 그분의 마음을 따라 살아가지 못할 것 같은데, 누군가는 모든 것이 결핍된 고통 속에서도 그분의 사랑이면 충분하다고 말합니다. "하나님을 사랑하는 마음을 내게 주세요. 하나님의 길을 가르쳐 주세요. 내가 걷는 그 길 위에 온통 주님을 사랑하는 마음이 가득하게 도와주세요." 주님의 품에 안기기 전까지 감사와 찬양을 멈추지 않고 살고 싶습니다.

하나님의 시간을 걷다
ⓒ 이요셉, 2020

1판 1쇄	2020년 12월 15일
1판 2쇄	2021년 1월 15일

지은이	이요셉
발행인	조애신
책임편집	이소연
디자인	김수진, 임은미
마케팅	전필영, 고태석
경영지원	김정희, 전두표

발행처	도서출판 토기장이
주소	서울시 마포구 망원로 26 토기장이 B/D 3F
출판등록	1998년 5월 29일 제1998-000070호
전화	(02) 3143-0400
팩스	(02) 3143-0646
이메일	tletter@hanmail.net
페이스북	www.facebook.com/togijangibook
인스타그램	@book.library.togi
ISBN	978-89-7782-446-1

- 이 책은 저작권 법에 따라 보호를 받는 저작물이므로 무단 전재와 무단 복제를 금합니다.
- 이 책의 전부 또는 일부를 이용하려면 반드시 저자와 도서출판 토기장이의 동의를 받아야 합니다.
- 이 도서의 국립중앙도서관 출판예정도서목록(CIP)은 서지정보유통지원시스템 홈페이지 (http://seoji.nl.go.kr)와 국가자료종합목록 구축시스템(http://kolis-net.nl.go.kr)에서 이용하실 수 있습니다. (CIP제어번호 : CIP2020050463)

도서출판 토기장이는 생명 있는 책만 만듭니다.
"우리는 진흙이요 주는 토기장이시니 우리는 다 주의 손으로 지으신 것이니이다" (이사야 64:8)